TRANSFORMATION DIGITALE : L'AVÈNEMENT DES PLATEFORMES

DU MÊME AUTEUR

L'Ère numérique, un nouvel âge de l'humanité, Le Passeur Éditeur, 2014.
Big Data, penser l'homme et le monde autrement, Le Passeur Éditeur, 2015.

Gilles Babinet

Transformation digitale : l'avènement des plateformes

Histoires de licornes, de data et de nouveaux barbares…

LE PASSEUR
ÉDITEUR

www.le-passeur-editeur.com

ISBN : 978-2-36890-486-2

À Françoise et Jacques-Noël

Introduction

Il faut sans doute le répéter inlassablement : alors que la révolution digitale ne fait que commencer, les entreprises traditionnelles, les institutions publiques et les autres types d'organisations n'ont qu'une très vague compréhension des transformations qu'elles vont devoir amorcer pour rester dans la course. On pourrait comparer cette situation à l'arrivée de l'électricité dans l'univers de l'énergie à vapeur, vers 1880 : il fallut à la fois comprendre le fonctionnement des réseaux et des nouvelles machines, évaluer les risques électriques, prévoir de nouvelles méthodes de travail, etc. Mais à la différence de la seconde révolution industrielle, où les machines spectaculaires laissaient entrevoir l'importance des changements à venir, il n'y a dans cette révolution digitale que peu de machines. C'est une révolution de l'information, silencieuse, presque invisible, mais d'une puissance inégalée. Ce qui ne nous incite pas à en percevoir l'importance.

Ainsi, nombre de dirigeants d'entreprises appréhendent cette révolution comme un processus incrémental, une adaptation progressive qui se fera sans bouleversement profond ; une évolution donc, plutôt une révolution. C'est nier le fait que les règles changent profondément. La jeune génération ne réfléchit ni ne travaille comme celles qui l'ont précédée. Pour elle, comme le dit si bien Michel Serres, « la compétence est la seule légitimité » : transparence, agilité, transversalité sont quelques-unes des caractéristiques de ce monde qui vient. En réalité, c'est l'essence même de l'entreprise qui pourrait être touchée – ses processus de production, son modèle d'affaires, son organisation et, au-delà, sa culture même. L'objet de cet ouvrage consiste à expliquer pourquoi la révolution digitale sera au moins aussi brutale pour les entreprises que le passage de la première révolution industrielle à la seconde, et pourquoi il importe de s'y préparer.

Comme le dit avec pertinence le scientifique Joël de Rosnay : « L'entreprise de demain est une plateforme d'intelligence collective. » C'est une interface d'échange de données et de mise en œuvre du potentiel d'expertises distribuées ; un facteur d'aplatissement et de fluidification des processus. Cela vous semble abscons ? Rien d'anormal à cela, tant ces notions sont encore évanescentes, en cours d'émergence même. Il y a seulement dix ans, les principales briques de l'Internet moderne étaient dans les limbes : IPV6 (le protocole qui fait fonctionner Internet) était encore en rodage, le cloud (nuage) également, les ressources essentielles pour l'open source comme Stack Overflow ou GitHub n'existaient pas, on ne parlait pas d'IoT (objets connectés), l'intelligence artificielle paraissait être un concept de science-fiction qui avait fait fureur dans les années 1960, et ainsi de suite. Il n'est donc pas anormal que ces phénomènes restent largement incompris.

Plus inquiétante cependant est l'absence patente de diffusion de ces techniques et modèles de management à grande échelle. Différentes études pointent en effet le retard du management des entreprises françaises en matière d'agilité digitale[1]. Quant à l'appropriation des techniques, ne serait-ce qu'en gestion des applicatifs d'entreprises, les progrès à faire sont considérables. Ce sont toutes ces dynamiques qui m'ont incité à écrire cet ouvrage.

Certains pourraient objecter que je n'ai, en matière de management, qu'une initiation pratique. Et c'est tout à fait exact : après avoir quitté l'école à 15 ans, j'ai passé un bac en candidat libre et ai monté ma première entreprise à 22 ans, sans avoir l'opportunité de prendre un seul cours de management. Dans les vingt-cinq années qui suivirent, j'ai monté différentes entreprises dont un certain nombre dans le domaine digital, sans m'initier au management autrement que sur le plan pratique.

Aujourd'hui, je pense que cette approche m'aura finalement permis d'avoir un point de vue différent de ce que l'on enseigne dans les écoles. La réussite de mes entreprises provient sans doute, en partie, du fait que les pratiques mises en œuvre étaient probablement différentes de celles que l'on applique traditionnellement, même si je n'ai eu de cesse de reconnaître que j'aurais aimé maîtriser certaines disciplines – comme l'anglais ou le contrôle de gestion – dès le départ.

---

1. Voir en particulier le Digital Economy and Society Index (DESI) de la Commission européenne, mis à jour chaque année par Eurostat. Voir également l'étude Capgemini/Sofres : « Le management français à l'épreuve de la bascule numérique ».

Durant cette longue période, j'ai été amené à rencontrer de nombreux entrepreneurs, ainsi que des dirigeants de grandes entreprises. Cette initiation m'a permis de mieux comprendre leur fonctionnement, et de commencer à observer – en effectuant des comparaisons avec les pratiques d'outre-Atlantique – ce qui était et reste encore aujourd'hui les caractéristiques du management « à la française » : en positif, une capacité d'abstraction forte, d'analyse des situations existantes avec une sous-segmentation méthodique ; en négatif, une réticence à prendre des risques, à observer ce qui se passe ailleurs, une faible appétence à la délégation et une difficulté à envisager que la pluridisciplinarité puisse être autre chose qu'une faille dans un *curriculum vitae.*

Mon intérêt pour la transformation des entreprises, à l'aune de la transformation digitale, est venu plus tard – il y a une dizaine d'années –, lorsque j'ai commencé à participer aux travaux de l'institut Montaigne, sur des sujets de compétitivité et de performance générale des ETI (entreprises de taille intermédiaire) françaises. Si la France dispose d'un niveau de productivité horaire très élevé, c'est également un pays où le système de formation professionnelle reste déliquescent et, malgré les tentatives récentes de réorganisation, principalement accessible aux salariés les mieux protégés. On y trouve de nombreux paradoxes de ce type, et l'on ressort d'une session de travail sur ce sujet avec l'étrange sentiment qu'un petit nombre de réformes pourraient changer la donne et nous permettre de rejoindre le peloton de tête en matière d'efficacité de l'outil productif. Mais ces réformes, pour des raisons plus ubuesques les unes que les autres, ne pourraient être menées que dans la douleur – si elles sont encore possibles.

En 2011, alors que je commençais à m'éloigner des fonctions exécutives au sein des entreprises, j'ai été élu à la présidence du Conseil national du numérique. J'avais axé ma candidature à cette fonction sur le thème de la compétitivité économique par le digital. À l'époque, les débats autour du numérique étaient accaparés par le monde culturel – le sujet Hadopi faisait rage –, et c'est probablement cette différence de positionnement qui m'a valu d'être élu. Si, au cours de mon mandat, le Conseil du numérique s'est réellement attelé à la tâche avec un sérieux qui l'honore, au sein de commissions ayant trait aux différents thèmes de la compétitivité, il est certain que le pouvoir politique d'alors n'a accordé qu'une attention très secondaire à nos propositions. Le renouveau économique pouvait bien attendre ! On accordait alors un intérêt moindre à la modernisation de l'administration publique par le digital – et, en conséquence, à la décongestion de la contrainte bureaucratique pour les entreprises – et aux mesures ciblées sur la montée en gamme des entreprises par le digital. D'ailleurs, nos interlocuteurs, hauts fonctionnaires et ministres, n'avaient qu'une très vague idée de ce que pouvait être cette révolution digitale. Je me réjouis que Mounir Mahjoubi, actuellement président du Conseil du numérique, semble avoir, lui aussi, érigé au rang de priorité la transformation digitale de notre outil productif, en visant principalement les TPE et PME : pour le bien de tous, il faut lui souhaiter de réussir.

Pour autant, la prise de conscience de l'ampleur de la révolution numérique n'en reste pas moins difficile à transcrire au sein des entreprises. Au cours des six dernières années, j'ai eu d'innombrables échanges avec les directions d'entreprises de toutes tailles, et si elles perçoivent généralement les risques que représente l'émergence de concurrents de tous types – à commencer par les GAFA (Google, Amazon, Facebook, Apple) –, elles ont du mal à cerner, puis à mettre en œuvre, une méthode pertinente pour réussir leur transformation. Au fil de mes entretiens, j'en suis venu à lister les meilleures pratiques. Mes différentes activités m'entraînent à voyager fréquemment dans le monde entier, m'offrant l'opportunité de rencontrer d'autres chefs d'entreprise, d'autres responsables d'administrations publiques, qui ont d'autres références en matière de culture managériale, et finalement me permettant d'accéder à des modèles alternatifs de transformation digitale. Dans cet ouvrage, j'ai synthétisé les notes issues d'au moins 120 entretiens : par exemple au sein de l'université de Jiao-tong, à Shanghai, ou encore avec les développeurs du logiciel de la GoPro ou avec l'équipe d'Elon Musk, lors du Web Summit 2014 à Dublin.

Au fur et à mesure de ces échanges, j'ai compris de plus en plus clairement que les entreprises et administrations les plus vertueuses en matière de transformation digitale employaient des méthodes assez semblables, quelle que soit leur localisation géographique. Une évidence m'est alors apparue : il fallait relater cela dans un livre...

PREMIÈRE PARTIE

Révolution productive, sociale et anthropologique

1.

Pourquoi changer ?

Le 1er avril 2016, Apple a soufflé ses quarante bougies. C'était alors l'entreprise dont la valorisation boursière était la plus élevée au monde : 574 milliards de dollars, soit un peu plus de la moitié de la valorisation de l'ensemble des quarante plus grandes entreprises françaises. À cette même date, les quatre entreprises américaines les plus importantes du digital – Google, Amazon, Facebook, Apple – totalisaient une valorisation de 1 740 milliards de dollars, soit plus que les PIB de l'Espagne et du Portugal réunis, et bien au-delà de la valeur de l'ensemble du CAC 40. De surcroît, la moyenne d'âge de ces quatre entreprises n'est que de 23 ans. La plus jeune, Facebook, n'a que 11 ans. Un âge qui contraste avec celui des entreprises du CAC 40 dont la moyenne est de 101 ans ! Ces quatre entreprises – les GAFA – symbolisent le dynamisme et le caractère innovant de l'économie américaine.

GAFA, NATU et BATX : l'avant-garde des barbares

Pourtant, les GAFA pourraient bien ne constituer qu'une étape vers des performances plus surprenantes encore. On évoque déjà celle des NATU – Netflix, Airbnb, Tesla, Uber –, dont la moyenne d'âge n'est que de 12 ans et dont la valeur collective est de 140 milliards de dollars. À l'exception d'Apple, aucune de ces huit entreprises n'affiche une croissance inférieure à deux chiffres ; deux d'entre elles, Tesla et Uber, connaissent même une croissance à trois chiffres, une performance jamais observée pour des entreprises représentant déjà plusieurs milliards de chiffre d'affaires. Cependant, aussi impressionnant que soit cet essor, ces entreprises pourraient prochainement prendre ombrage des BATX – Baidu, Alibaba, Tencent et Xiaomi –, quatre entreprises chinoises dont la valorisation cumulée atteint déjà 500 milliards de dollars, alors que leur moyenne d'âge n'est que de 14 ans !

Le dopage à l'émission monétaire par les banques centrales américaine et chinoise n'est, sans doute, pas étranger à une survalorisation de ces entreprises, que laisse présager leur comportement quelque peu « exubérant » sur les marchés financiers. Néanmoins, ces structures qui, il y a peu encore, étaient de petites start-up cherchant à prendre leur envol, sont devenues des empires dont les activités s'étendent sur plusieurs continents, si ce n'est sur l'ensemble de la planète. En général, chacune d'elles domine son marché après avoir supprimé de nombreux intermédiaires : agences immobilières, hôteliers, chaînes de télévision, loueurs de vidéos, taxis, etc.

Comment ont-elles fait pour parvenir à une situation de domination ? Ont-elles utilisé les règles classiques du business ? Ont-elles mis en œuvre les méthodes de management enseignées dans les plus grandes Business Schools ?

Dans le monde entier, la stupéfaction s'est emparée des acteurs locaux, mais aussi des grandes entreprises traditionnelles. Tous se croyaient protégés par la domination qu'ils pensaient avoir acquise sur leur marché, tous imaginaient que la réglementation qu'ils étaient parvenus à induire – grâce à une action de lobbying sur les régulateurs – les préservait de toute forme sérieuse d'agression.

Maurice Lévy, le sémillant patron de Publicis – l'une des plus grandes agences de publicité au monde – inventa, lors d'une interview donnée au *Financial Times*, la notion d'« ubérisation », qui caractérisa rapidement le sort auquel semblaient inéluctablement condamnées toutes les entreprises traditionnelles. Ces dernières paraissent en effet tétanisées par le développement spectaculaire et, semble-t-il, inexorable des GAFA, NATU, BATX et autres Fintech (les start-up issues du monde de la finance), chacune étant déterminée à « désintermédier » un ou plusieurs acteurs traditionnels. Ces « barbares », entreprises d'une nature nouvelle, sont d'autant plus inquiétants qu'ils ne semblent pas suivre les modèles traditionnels de développement : ils n'accordent que peu d'importance aux diplômes de leurs dirigeants, à la hiérarchie, à la norme vestimentaire. Ils n'utilisent pas toujours les canaux publicitaires traditionnels et inventent souvent leurs propres modèles de distribution. Ils semblent s'en tenir à une seule règle : satisfaire leurs usagers, coûte que coûte, fût-ce au prix d'un bras de fer avec la régulation et les acteurs en place. Leur appétit est insatiable : dès qu'ils ont affirmé leur maîtrise d'un marché, ils en attaquent un autre, avec d'autant plus de facilité qu'ils ont déjà une connaissance étroite de leurs clients.

En réalité, ces start-up se sont bien souvent affranchies de la plupart des règles classiques de l'administration des entreprises pour en adopter d'autres, issues de la révolution digitale. Les nouveaux paradigmes technologiques les ont amenées à penser le fonctionnement des entreprises, ainsi que les relations avec leurs clients et leurs partenaires, d'une manière radicalement différente.

Le modèle des entreprises digitales, ou entreprises plateformes, comme nous le verrons plus loin, se caractérise avant tout par son niveau de productivité. De nombreux travaux ont cherché à cerner leurs caractéristiques propres. Ainsi, pour Salim Ismail, qui a mesuré les caractéristiques de modèles de développement de près de 400 organisations américaines, celles qui adoptent le paradigme digital s'avèrent étonnamment plus véloces que les autres[1]. Cet entrepreneur a identifié une vingtaine de paramètres communs à chacune d'entre elles. Ce sont ces paramètres, et bien d'autres encore, dont il sera question dans cet ouvrage.

---

1. Voir www.exponentialorgs.com et Salim Ismail, *Exponential Organizations,* Singularity University Books, 2014.

Une évolution irrémédiable de l'acte marchand

Au terme de quarante ans, voici le constat : une offre immense, presque globale, qui permet aux consommateurs de comparer, de se renseigner, d'acheter au meilleur prix, de mieux connaître les caractéristiques technologiques, les services, les conditions sociales et environnementales dans lesquelles sont produits les biens qu'ils convoitent. S'ils ne sont pas satisfaits, leurs commentaires sur les réseaux sociaux peuvent avoir des répercussions catastrophiques pour l'image d'une marque. Les directeurs marketing le confirment : au mieux 5 % des mentions de marques présentes sur Internet sont contrôlées par l'entreprise qui en est propriétaire. Les autres sont créées par le consommateur ou, parfois, par des activistes issus d'ONG. Même les marques n'appartiennent plus complètement aux entreprises qui en ont légalement la propriété.

L'abondance de l'offre est l'une des conséquences des coûts de transaction[1] fortement réduits au sein d'un monde où la distribution de l'information est devenue pratiquement gratuite. À une échelle qui n'est pas loin d'être celle de la planète, les fournisseurs de services et de produits les plus divers peuvent entrer en compétition par le biais de plateformes d'e-commerce comme Amazon, Alibaba ou eBay. Une tension sur les prix s'est rapidement fait sentir, et les économies d'échelle réalisées par ces acteurs, en massifiant leurs processus, en évitant les coûts de personnel grâce à une

1. Les coûts de transaction ont été théorisés par le prix Nobel d'économie Ronald Coase. Voir l'article « Coût de transaction » sur Wikipédia.

relation client automatisée à l'extrême, leur permettent de rafler la mise. Qui aurait pu croire qu'une chaîne de 11 000 magasins, employant 2 millions de personnes, comme Walmart, soit obligée de fermer des centaines d'hypermarchés aux États-Unis, concédant qu'Amazon représentait désormais son premier concurrent ?

Il est vrai qu'Internet permet non seulement de recenser des centaines de millions de clients au moyen d'une seule et même expérience utilisateur ou magasin virtuel, mais, de surcroît, d'accroître cette expérience utilisateur au moyen de comparatifs produits sophistiqués, de services de livraison personnalisés, d'offres de financement individualisées, etc. L'expérience client doit donc être plus irréprochable que jamais, tout autant que la marque qui la porte. On se souvient de la promptitude avec laquelle Apple, Mercedes, Pepsi, Macy's ont accepté de changer, de réparer, de rembourser des produits ou de modifier leurs processus internes à chaque fois que des consommateurs se sont plaints collectivement de dysfonctionnements ou de comportements contestables de l'entreprise qui les fournissait. Ces entreprises ont appris, souvent à leurs dépens, que leur image constitue leur premier actif. Auparavant, les consommateurs n'avaient que très difficilement accès aux médias. Si un produit dysfonctionnait, si le comportement d'une entreprise était contestable, la probabilité que ces aléas n'affectent l'entreprise restait faible. Aujourd'hui, il suffit de quelques heures aux réseaux sociaux pour mettre une entreprise sous le feu des projecteurs et l'obliger à une réaction immédiate, faute de quoi elle pourrait sérieusement compromettre son avenir. Internet est ainsi en train de transférer aux consommateurs et aux internautes un pouvoir considérable.

Mais ce n'est pas seulement le rapport de force entre les marques et leurs clients qui évolue, c'est la nature même du mode de consommation, la nature de la création de valeur.

Gratuité et autres nouveaux modèles d'affaires

Ce qui perturbe un Maurice Lévy, un Sergio Marchionne (patron de Chrysler) et beaucoup de leurs confrères, c'est, davantage que l'apparition de nouveaux concurrents, le fait que ceux-ci n'utilisent pas les mêmes règles et ont tendance à créer des richesses avec des modèles d'affaires très différents des leurs. À première vue, Amazon n'est rien d'autre qu'un distributeur de plus, un « vépéciste » dont les marges sont optimisées par une logistique robotisée et une expérience utilisateur numérique. De même pour Apple : ses luxueux produits ne diffèrent en rien du modèle d'affaires de Sony ou d'Asus. Toutefois, Apple tire désormais une part significative de ses revenus de services numériques, ce qui lui permet d'accroître le nombre de contacts – on parle de *touchpoints* – qu'il a avec ses clients. Il y a déjà là une différence significative : c'est un atout qui, nous le verrons plus loin, est de première importance.

Mais c'est surtout avec Facebook ou Google que Maurice Lévy et Sergio Marchionne ne s'y retrouvent plus : en effet, ces entreprises ont développé de fantastiques infrastructures, ont investi des dizaines de milliards de dollars pour développer des services auprès d'usagers qui ne leur rapportent presque rien de façon directe. Il s'agit d'un business à deux temps, dans lequel la majorité des revenus vient de la publicité vendue en B2B, c'est-à-dire aux entreprises. En soi, rien de nouveau, car le monde de la télévision agit ainsi depuis longtemps : les chaînes offrent – pour la plupart gratuitement – leurs contenus pour toucher le plus grand nombre de téléspectateurs et valoriser ainsi leurs écrans publicitaires. Mais ce qui change, c'est la capacité de ces acteurs à offrir des services à très forte valeur ajoutée, souvent gratuitement aussi, en faisant fi des acteurs traditionnels.

Google a ainsi affirmé sa volonté de désintermédier de nombreux secteurs : les fournisseurs de logiciels de bureautique (Google for Works), les fournisseurs de cartes géographiques (Google Maps) ou encore les régies publicitaires (Google AdWords, Google Analytics), sans parler des libraires (Google Books), des fabricants d'agendas et de carnets de notes (Google Agenda, Google Keep), des revues de publication scientifique (Google Scholar). Cette liste n'est évidemment pas exhaustive : Google est aussi présent dans l'énergie électrique, la fourniture d'accès Internet, la domotique, l'automobile, la santé, les technologies de stockage de données, etc. Dans tous ces domaines, la société au logo multicolore essaye d'offrir ses services gratuitement ou à un prix si faible qu'il fait frémir ses concurrents. En réalité, ce procédé cache un secret : il s'appelle « data ». En récoltant le plus d'informations[1] possible sur ses usagers, Google dispose d'une compréhension très fine de ce qu'ils sont et de leurs besoins. À chaque fois que la société crée un nouveau service, elle peut donc

1. Dans la suite de cet ouvrage, au terme « information(s) », nous substituerons désormais les mots « data » ou « données ».

l'adapter à chacun de ses utilisateurs. Ainsi, il n'est pas nécessaire de ressaisir ses informations personnelles – nom, adresse, mot de passe, etc. – pour accéder au nouveau service : un simple glissement de doigt suffit. Par exemple, si vous allez sur Google Maps, l'application sait déjà où vous êtes et connaît souvent l'adresse de votre domicile et celle de votre bureau. Il lui est alors facile de vous donner le temps de parcours de l'un à l'autre en fonction des conditions de circulation. Cette cinématique peut se renouveler autant de fois que Google crée un nouveau service. C'est pourquoi les data sont souvent qualifiées de « pétrole du XXIe siècle », ce qui n'est pas faux. Cette matière première digitale est au cœur de l'économie qui vient et celui qui en dispose peut, plus qu'un autre, attaquer et dominer de nouveaux marchés, fort de l'avantage concurrentiel que représente la capacité de simplifier et surtout de personnaliser le service ou produit qu'il offre.

L'économie connectée

S'il est une caractéristique établie de l'économie numérique, c'est sa capacité à décentraliser les savoirs et les techniques. Qu'il s'agisse d'une page Wikipédia, d'un tutoriel sur YouTube ou encore du Mooc d'une grande université habituée du classement de Shanghai, il devient de plus en plus notable qu'une part significative des connaissances de l'humanité est désormais accessible via Internet. La localisation du savoir, il y a peu encore enfermé dans les centres de recherches et les universités, est chaque jour moins affirmée. Il existe ainsi des centaines de Moocs sur l'intelligence artificielle, sur les processus les plus avancés en biologie synthétique (CRISPR-Cas9, par exemple), sur les moyens de mettre soi-même sur orbite un satellite ou, plus simplement, sur les procédés de gestion de la psychologie des foules au sein des enceintes sportives !

Il en est de même pour les techniques elles-mêmes. Il y a peu encore, certaines technologies n'étaient accessibles qu'en quelques endroits dans le monde. Ainsi, les technologies d'intelligence artificielle de type Watson – qui permettent, par exemple, de faire des diagnostics par un ou plusieurs médecins, dans le domaine du cancer, avec un niveau de précision et de certitude inégalable[1] – n'étaient accessibles qu'en se rendant au centre de recherche dédié à l'intelligence artificielle d'IBM ; aujourd'hui, Watson est accessible via un modèle de distribution en « cloud », pour une grande quantité d'activités différentes. Ce cloud, en permettant de décentraliser des activités à très forte valeur ajoutée, a entièrement modifié le principe suivant lequel une activité productive n'est efficace que lorsqu'elle est centralisée et atteint un niveau de taille critique. Non seulement il est désormais possible, via le cloud, d'accéder à des services informatiques dans presque tous les secteurs, mais de plus en plus fréquemment, les services offerts aux particuliers par ce biais sont plus performants que ceux dans lesquels les entreprises les plus importantes ont investi lourdement pour disposer d'une solution propriétaire.

1. « IBM's Watson gives proper diagnosis for Japanese leukemia patient after doctors were stumped for months », *New York Daily News*, juin 2016.

Ce constat vaut également dans le domaine des activités matérielles. Au début des années 2000, faire un séquençage ADN n'était possible que dans cinq endroits sur terre, dont trois situés aux États-Unis. À présent, des petites machines portables[1] permettent, dès lors que l'on est connecté à Internet, de réaliser cette opération aussi bien dans un laboratoire d'une grande ville occidentale qu'au fin fond du Sahel. Et au sein des Fablabs – ces unités de production micro-industrielle connectées au réseau –, il est désormais possible de fabriquer (on dit « imprimer ») des produits dont le niveau de sophistication aurait été tout simplement inconcevable il y a une dizaine d'années : cœurs de moteur de lanceurs spatiaux, pièces de Formule 1, prothèses médicales, etc. C'est donc un autre avantage qui s'évapore pour les entreprises traditionnelles : les centres de production ou de R & D ne protègent plus, ou moins qu'avant, de l'arrivée soudaine des barbares numériques.

L'une des conséquences de cette décentralisation est que les organisations et les modèles économiques peuvent se concevoir très différemment. Aujourd'hui, grâce au cloud, des centaines de milliers d'individus travaillent depuis chez eux, fournissant la même valeur ajoutée à leurs employeurs ou leurs clients que s'ils étaient au sein de leurs entreprises. L'économie entière peut être repensée avec une inclusion dans les territoires locaux beaucoup plus importante qu'auparavant.

Ces technologies permettent également de développer des services qu'il aurait été inconcevable d'imaginer il y a peu : partager sa voiture lors d'un long

1. « A DNA sequencer in every pocket », *The Atlantic*, avril 2016.

trajet en ayant une connaissance assez précise des centres d'intérêt du passager que l'on véhicule, louer son appartement en se reposant sur la confiance que procure l'évaluation individuelle faite par la plateforme de son futur locataire, etc.

Mais cette évolution n'a été rendue possible que parce que les data et leur traitement ont atteint un coût marginal, créant ainsi des opportunités inconcevables autrement. Partout, et dans tous les secteurs d'activités, il est possible de créer de la productivité, de valoriser les stocks d'information ou les actifs auparavant dormants. Il s'agit donc d'une révolution qui crée des gains d'opportunité importants, supprime les stocks et réduit les coûts de transaction. Ces gains d'opportunité pourraient bien un jour se substituer au PIB, que l'on a consacré comme l'étalon de la réussite dans une ère désormais passée. Comme le faisait observer l'un de mes amis, « la génération précédente faisait une liste de courses et allait acheter les ingrédients pour faire le dîner, celle-ci ouvre le frigo et compose avec ce qui s'y trouve » ; l'idée que la planète est d'une taille finie et qu'il faut désormais innover sous contrainte s'impose progressivement.

2.

La révolution anthropologique

D'UNE révolution que beaucoup ont qualifiée de technologique, nous sommes en train de passer à un changement de civilisation, à une révolution anthropologique. Si cette observation prosaïque peut faire sourire, elle n'en représente pas moins une bonne définition d'un monde qui se construit essentiellement dans un environnement contraint – et donc par pragmatisme. Pour autant, le coût marginal de l'information et de son traitement ouvre des perspectives immenses, dont il est difficile de se faire une idée.

Un monde ouvert

Une caractéristique essentielle de cette révolution réside dans la capacité presque illimitée d'accéder aux connaissances et aux techniques. Tout commence au début des années 1980 lorsque Richard Stallman, un programmeur de talent, est confronté, dans son laboratoire, au problème chronique du bourrage de papier d'une imprimante Xerox. Il cherche à améliorer le logiciel qui pilote l'imprimante, mais celui-ci n'est disponible que sous la forme d'un fichier compilé dont le code source lui est inaccessible et que Xerox refuse de lui fournir. Il prend soudain conscience que l'ère des informaticiens qui partageaient librement leurs codes sous forme de bandes magnétiques enregistrées est en train de disparaître. Il se lancera alors à corps perdu dans un projet fou : offrir un système d'exploitation à la communauté des développeurs, sans licence payante, qui serait totalement ouvert et réexploitable sans condition. Au mois de septembre 1983, Richard Stallman lance le programme GNU, la version initiale d'un projet qui va envahir le monde et fonder l'esprit de l'open source. Pour y consacrer assez de temps, il démissionne du MIT et crée la Free Software Foundation, qui reste à l'avant-garde des luttes politiques liées au monde du numérique.

Quelques années plus tard, Linus Torvalds lance de son côté le projet Linux : le noyau *(kernel)* central d'un système d'exploitation qui constitue le complément nécessaire de GNU, que l'on dénommera désormais GNU/Linux.

Face aux mastodontes qu'étaient alors IBM et Microsoft, il est probable que cette initiative serait restée confidentielle si, au milieu des années 1990, Internet n'avait pris son essor auprès du grand public, passant en cinq années à peine d'une centaine de milliers d'internautes à quelques dizaines de millions[1]. La communauté des codeurs à même d'accéder et de contribuer au projet GNU/Linux suivit une courbe de progression à peu près semblable, rendant cette initiative beaucoup plus difficile à ignorer. Aujourd'hui,

1. Voir l'article « Histoire d'Internet » sur Wikipédia.

la Fondation Linux, qui coordonne désormais les travaux ayant trait à l'OS devenu le plus populaire au monde, nous apprend que Linux comprend environ 16 millions de lignes de code, soit un coût de développement estimé à 1,2 milliard de dollars au bas mot pour le seul cœur (le *kernel*) de l'OS. On estime que son développement est le fait de 12 000 contributeurs principaux (sans parler de nombreux développeurs de compléments à l'OS). Ce sont en majorité des experts dont la compétence est unanimement reconnue par la communauté ; et cette communauté doit son existence à la légitimité que s'attribuent ses membres entre eux. Linux est devenu ainsi, en quelques décennies, un écosystème de référence par la qualité de son code, mais aussi par celle de sa gouvernance, pour la communauté du logiciel. Dès la fin des années 1990, il est apparu que Linux était plus stable que son principal concurrent commercial et plus approprié, *a minima* pour une utilisation au sein des serveurs dont il « détient » aujourd'hui 38 % des parts du marché mondial. Pour la communauté du logiciel, utiliser Linux est la garantie d'un environnement beaucoup plus complet et à l'avenir plus certain que celui des logiciels propriétaires. En effet, des travaux ont démontré que Linux était dix à trente fois plus rapide que son meilleur concurrent pour « patcher » ou effectuer les modifications nécessaires lorsque, par exemple, une faille de sécurité est identifiée. Dans un contexte où la sécurité représente une préoccupation majeure, cet avantage devient déterminant – et il le sera plus encore à l'avenir.

Au-delà de Linux, le modèle de l'open source est devenu le socle d'une large communauté, convaincue de l'efficacité de son modèle et aux convictions quasi politiques. De multiples plateformes se sont créées pour permettre d'échanger des informations, des conseils ou des programmes en open source. GitHub, par exemple, a réussi à fédérer en moins de huit ans 14 millions de codeurs, représentant un total de 35 millions de « projets » et probablement des milliards de lignes de code, démultipliant ainsi le potentiel de la communauté du logiciel. Car il importe de comprendre que ce qui a été fait une fois peut être réutilisé, amélioré, restructuré de façon illimitée. Et cette dynamique de l'open source s'est rapidement émancipée du code pour attaquer le *hardware*, les équipements industriels, électroniques ou autres, ou encore le *wetware*, le domaine du vivant[1].

Open source, propriété industrielle, Wired, Tired

Plusieurs questions se posent à propos de la propriété intellectuelle : a-t-elle un sens aussi déterminant que par le passé dans l'ère numérique ? Le modèle d'innovation qu'elle sous-tend est-il toujours pertinent ?

Cette question de l'enjeu de la propriété intellectuelle à l'égard du monde d'Internet fut évoquée une première fois dans le cadre de l'émergence du *peer-to-peer* (pair à pair) et de la musique « piratée » ou « librement distribuée » (suivant le point de vue que l'on adopte), puis de la mise en place d'Hadopi. Il s'agissait alors d'un débat sans fin, car deux visions du monde s'affrontaient. L'incapacité des protagonistes à s'écouter mutuellement a finalement rendu l'échange stérile.

1. Voir le fantastique projet de La Paillasse, dont l'objectif est de permettre de faire émerger des produits et services open source dans le domaine du vivant (www.lapaillasse.org).

Une dizaine d'années plus tard, l'interpellation revient sous une autre forme : Elon Musk, le tonitruant fondateur de Tesla et SpaceX, a ainsi fait savoir qu'il n'accordait qu'une importance secondaire à l'impressionnante avance qu'il avait accumulée avec ses technologies de batteries et de moteur électrique pour la Tesla. Il a affirmé que quiconque connecterait ses véhicules à sa plateforme digitale aurait le droit d'utiliser gratuitement cette propriété industrielle, à la stupéfaction des autres constructeurs automobiles.

De son côté, Mark Zuckerberg publie depuis plusieurs années l'ensemble de la recherche de Facebook de façon totalement ouverte. Il s'est plusieurs fois exprimé à ce propos, jugeant que la R & D devait être partagée le plus largement possible pour être rentabilisée.

D'une façon plus générale, un observateur raisonnable du monde de la propriété industrielle serait sans doute amené à ce constat : ce qui fut un outil redoutable de création de richesse tout au long des XIXe et XXe siècles semble ne plus être aussi efficace dans l'ère dans laquelle nous entrons, ni constituer une réelle barrière à l'entrée face à la concurrence. Ainsi, dans le domaine des lanceurs spatiaux par exemple, le même Elon Musk est parvenu à bâtir une offre crédible, *ex nihilo*. En moins d'une dizaine d'années, il a développé un lanceur spatial de qualité, contournant l'imposante propriété industrielle accumulée par les principaux acteurs de cet univers, dont la plupart existent depuis au moins une cinquantaine d'années. Cet exploit a provoqué stupeur et tremblements chez ces acteurs parce que les technologies spatiales sont généralement considérées comme « souveraines », c'est-à-dire qu'elles nécessitent un effort technologique en R & D tellement significatif que seuls les États parviennent à en disposer.

A contrario, des secteurs économiques qui reposent principalement sur la propriété industrielle semblent avoir le plus grand mal à préserver leurs modèles d'affaires. Il en est ainsi des acteurs du médicament. Bien qu'accroissant de façon exponentielle les dépenses en R & D au cours des dix dernières années, les découvertes de nouvelles molécules réellement originales ne semblent pas être à la hauteur. Dans ce secteur d'activité, les chercheurs paraissent s'accorder sur le fait que les découvertes « faciles » ont été faites et que des investissements considérables sont désormais nécessaires pour continuer à créer des « blockbusters ».

Certes, les brevets continuent de protéger de nombreux innovateurs. Bertin Nahum, par exemple, le CEO (directeur général) de MedTech, déclare recourir largement aux brevets pour protéger la nature innovante de ses robots chirurgiens. Apple est également dans le Top 15 des déposants de brevets aux USA, même si, proportionnellement à sa valeur boursière, son activité en propriété industrielle semble relativement faible. De nombreuses autres sociétés tirent de larges bénéfices du fait d'être les détenteurs exclusifs de leur propriété industrielle.

Néanmoins, n'entrons-nous pas dans une ère nouvelle dont les règles changeraient radicalement, rendant inefficaces les stratégies d'entreprises du XXe siècle, tant celles de l'ère digitale semblent plus performantes ? Plusieurs indices permettent de le croire.

En ce qui concerne les brevets, par exemple, le principe qui justifie leur existence serait que l'innovation protégée est le résultat d'une quantité de travail – ou autrement dit de capital – élevée, sur laquelle le brevet confère une exclusivité d'usage. Ce principe reste efficace lorsqu'un petit nombre d'organisations peuvent faire cet investissement et que le risque de contournement de l'invention reste limité en raison du nombre lui-même limité d'acteurs. Mais que penser d'un monde où les innovateurs peuvent survenir d'à peu près n'importe où ? Car c'est peut-être ainsi qu'il faut désormais appréhender notre ère : un univers versé dans l'innovation ouverte, où la connaissance générique est accessible à tous, et où la pensée de rupture – *disruptive thinking* – est la quintessence du processus d'innovation. Ce qui justifie que l'on célèbre autant l'entrepreneuriat et les start-up.

Songeons-y : combien d'innovateurs parviennent à bouleverser un univers économique à partir d'une intuition ? BlaBlaCar, Uber, Airbnb, pour ne citer que ceux que l'on évoque le plus souvent. Pourquoi y parviennent-ils mieux qu'auparavant ? Sans doute parce que les moyens de diffusion de leurs idées se font à coût marginal grâce à Internet. En conséquence, les innovateurs qui réussissent se multiplient car ils ne sont plus limités par l'espace, même si la régulation et les lois constituent une frontière pour nombre d'entre eux. Il existe donc plusieurs « différenciants » déterminants à l'ère numérique :

1) *L'accès massif aux connaissances et technologies génériques*, comme nous l'avons évoqué plus haut. Ces technologies sont disponibles sur Wikipédia ou sur GitHub, par exemple. Wikipédia est une encyclopédie d'une taille à peu près cent fois supérieure à la

Britannica, référence en la matière... Quant à GitHub, réseau social pour codeurs, il devient progressivement une base de connaissances pour ainsi dire indispensable tant il procure des gains de qualité et de performance. Mais au-delà, c'est bien un nouveau modèle d'innovation qui émerge à travers l'open source.

2) *La capacité de réunir des innovateurs à façon.* Auparavant, faire travailler ensemble des experts était complexe et coûteux. Il convenait de les mettre pour ainsi dire physiquement ensemble. Si l'on voulait avoir une chance que cette collaboration se passe dans de bonnes conditions, il fallait contractualiser sous une forme impliquante et pérenne, généralement par le biais d'un contrat de travail. Le choix, en amont, des compétences que l'on sélectionnait déterminait souvent l'orientation du projet. Si ce projet comprenait une part importante de physiciens des matériaux, il était probable que la part d'innovations liées à la physique des matériaux serait prépondérante.

Avec le numérique, la possibilité d'agréger des compétences variées et momentanées est incomparablement plus élevée. On peut ainsi accéder à la compréhension du mode de fonctionnement de systèmes et de technologies génériques, mais aussi requérir, à coût faible si ce n'est gratuitement, la compétence d'experts, bénévoles ou non, pourtant situés aux quatre coins de la planète. GitHub ou Stack Overflow sont là encore des plateformes très emblématiques, qui aident les développeurs à résoudre les problèmes rencontrés en leur permettant d'accéder à des ressources et d'échanger sans limites avec leurs pairs.

Ces innovateurs peuvent être mobilisés en fonction de leurs compétences, pour un temps long ou bref ; ces compétences deviennent granulaires et ils savent que plus leurs connaissances sont diffusées, plus cette mise en œuvre les valorise et leur permet de maintenir leur expertise. Ce modèle permet ainsi d'initier des « forages » dans de nouvelles terres conceptuelles.

On conçoit donc que l'open-innovation à l'ère numérique se résume essentiellement au fait d'accéder massivement aux idées et techniques génériques de façon simple, par Internet, tout en permettant à des innovateurs d'échanger dans un modèle multipolaire, dans lequel l'initiative n'est plus le fait du leader mais de l'ensemble des sous-parties du groupe.

Transparence et open data

Les coûts marginaux de communication ont donc initié un niveau de partage sans précédent : les idées, les techniques, les données peuvent aisément se rendre disponibles à tous. Le niveau de transparence que ce processus a induit sur les organisations et les individus est considérable. Ainsi, les générations Y et surtout Z ont généralement une excellente maîtrise de la notion de *privacy* (qui n'a pas d'équivalent en français), sachant par exemple régler les propriétés d'une publication sur les réseaux sociaux pour qu'elle ne soit visible que par leurs destinataires.

L'impact de cette révolution informative se constate à chaque instant dans les médias. Il devient ainsi de plus en plus difficile de garder une information confidentielle. Le scandale révélé par Edward Snowden à propos de la NSA, les informations secrètes mises en ligne par Julian Assange sur la plateforme WikiLeaks (dont il est l'un des cofondateurs) ou le scandale des *Panama Papers* montrent combien le monde actuel doit prendre en compte cette nouvelle dimension qu'est la transparence. En conséquence, les États, au premier titre desquels les pays scandinaves, ont mis en place d'importantes politiques d'open data visant à rendre les institutions publiques également plus transparentes. Paradoxalement, c'est Barack Obama qui a le mieux résumé cette dynamique nouvelle, lors de son discours d'investiture, en 2008 :

> Face au doute, c'est l'ouverture qui prévaut. Le gouvernement ne doit pas maintenir la confidentialité de l'information au seul motif que des responsables publics puissent se trouver dans l'embarras après sa révélation ou à cause des erreurs ou des échecs qu'elle révélerait, ou à cause de peurs spéculatives ou abstraites. La non-divulgation ne devrait jamais se justifier par l'entreprise de protéger des intérêts personnels de responsables gouvernementaux aux dépens de ceux qu'ils devraient servir.

Cette déclaration a répandu l'idée que les États ne pourraient finalement plus s'opposer à cette nouvelle dynamique. L'open data et la transparence touchent également les entreprises, qui doivent désormais rendre des comptes sur la façon dont elles traitent leurs travailleurs, et dont elles respectent l'environnement dans leurs processus de production. Au-delà, en permettant de véhiculer des informations auparavant difficiles à diffuser, la transparence initie de nouvelles méthodes de travail, plus agiles, plus horizontales, ce qui est le sujet de ce livre.

Il devient donc difficile de se réfugier derrière la seule valeur d'un niveau hiérarchique ou d'un titre. Le philosophe Michel Serres le dit clairement : « Désormais, la seule légitimité, c'est la compétence. » Et il est difficile de s'en tenir à ses acquis : une étude de Harvard a démontré que les jeunes adultes ont généralement plus de connaissances générales que leurs aînés d'une génération à niveau de formation équivalent.

3.

L'origine de la révolution digitale

Demandez autour de vous ce qui caractérise principalement la révolution digitale. À moins de vous adresser à un spécialiste aguerri, vous serez surpris de constater l'homogénéité des réactions : pour une majorité d'entre nous, les réseaux sociaux et les smartphones sont les éléments les plus visibles et les plus importants de la révolution digitale. Or, c'est faux. Certes, elle a réussi à mobiliser une part importante de notre temps en nous rendant dépendants au point que nous passions désormais en moyenne, en Europe, 2 h 30 par jour sur les réseaux sociaux. Mais la révolution digitale concerne tous les secteurs d'activité, et cette révolution pourrait avoir un impact sur l'organisation de nos sociétés plus important que celui des deux précédentes révolutions industrielles, qui ont vidé nos campagnes de leurs habitants pour créer de grands ensembles urbains.

En réalité, trois dynamiques fondamentales structurent la révolution digitale : la multitude, soit le fait que nous soyons désormais des centaines de millions à utiliser Internet et donc à interagir ; la loi de Moore, qui a vu la puissance des microprocesseurs croître fortement et régulièrement au cours des quarante dernières années ; les data et l'explosion qu'elles ont permise en matière d'analyse de données et d'utilisation d'algorithmes en tous genres – ce que l'on appelle généralement l'algorithmie et les Big Data.

La multitude

Innombrables sont désormais les exemples qui mettent en œuvre la multitude. De la concrétisation d'œuvres collectives comme Wikipédia, où sa participation est incontestable, à la traînée de poudre qu'a représentée le printemps arabe, où des États policiers ont été ébranlés et se sont parfois effondrés. Ce constat n'est d'ailleurs pas nouveau : dès 2007, Mwai Kibaki, candidat à sa réélection à la présidence kenyane, en fit les frais lorsque son opposant, Raila Odinga, contesta le résultat. L'ensemble du pays ne mit pas longtemps avant de s'embraser, conduisant à huit mois d'insurrection civile, à la mort de près de 1 500 personnes et au déplacement d'environ 300 000 Kenyans. L'État de droit n'était plus assuré, les arrestations arbitraires et les disparitions pouvant concerner quiconque se trouvait à la mauvaise place au mauvais moment. La police ainsi que les émeutiers se mirent à installer des barrages itinérants, dans le but d'arrêter et parfois d'éliminer leurs opposants. C'est dans ce contexte dramatique qu'est née la plateforme Ushahidi, initialement développée par des blogueurs locaux.

Accessible depuis un mobile ou par Internet, ce service permet de prévenir et de prendre connaissance des lieux qu'il est préférable d'éviter. Son succès fut immédiat, et il permit de restaurer partiellement la sécurité dans de nombreux endroits. Il gagna rapidement une réputation de fiabilité pour la qualité de ses informations, et de grands médias, comme CNN et CNBC, achevèrent sa consécration. Dès 2009, le site accéda à une notoriété mondiale et aujourd'hui, des millions d'Africains, d'Asiatiques et d'habitants de zones de conflits l'utilisent couramment, ce qui a contribué à sécuriser leurs déplacements et à diminuer sensiblement toutes sortes de crimes.

Ce qui est remarquable dans ce système, c'est la collaboration qu'il implique de la part des utilisateurs. Chaque utilisateur – et donc bénéficiaire du service – peut en devenir contributeur en signalant, en temps réel, un risque d'agression qu'il aurait constaté. Par l'utilisation de ce service, c'est donc la communauté des utilisateurs qui crée l'information, et non plus une équipe de spécialistes ou de journalistes, comme c'était le cas avec la radio ou la télévision. L'expertise de spécialistes est supplantée par celle de la multitude : de simples passants sont capables d'annoncer l'existence d'un risque plus vite et plus précisément que ce que les médias faisaient auparavant.

Wikipédia procède en utilisant les mêmes dynamiques. Fondé en 2001 par Jimmy Wales, ce site encyclopédique est alimenté chaque jour par plus de 100 000 contributeurs à travers le monde, et est visité chaque mois par un demi-milliard d'internautes. Il propose plus de 40 millions d'articles dans plus de 270 langues. Chaque jour, 5 400 articles sont créés sur les différentes versions linguistiques du site, où l'on compte plus de 12 millions de modifications par mois. Ainsi, quiconque dispose d'un smartphone peut désormais accéder à une somme de connaissance extraordinairement élaborée. Et si Wikipédia est volumineux, il est aussi qualitatif : en 2005, la célèbre revue *Nature* jeta un pavé dans la mare en démontrant scientifiquement qu'il n'y avait pas plus de fautes dans l'encyclopédie en ligne que dans la célèbre *Britannica*[1]. Pourtant, si Wikipédia nous semble presque aussi familier que l'eau courante, il fallut des années avant qu'il ne cesse d'être l'objet de sarcasmes de la part de la communauté scientifique. L'une des clés de son succès sera justement d'être parvenu à intéresser les spécialistes de chacune des innombrables disciplines du savoir humain.

La multitude peut aussi effectuer des tâches de natures très variées et parfois très élaborées. Ainsi, dans le cas d'OpenStreetMap, plus d'un million de participants ont reconstitué une grande partie de la cartographie de l'Europe, des États-Unis et de nombreux autres pays, en créant la plus grande base cartographique unifiée en open source, concurrençant les grandes bases cartographiques commerciales. Le projet, initié par Steve Coast alors qu'il n'était encore qu'étudiant à l'University College de Londres, est désormais utilisé par des millions d'internautes, tandis que des dizaines de milliers d'entreprises l'ont préféré à des versions commerciales. Réalisant que l'agence nationale de la cartographie du Royaume-Uni vendait ses données alors même qu'elle était financée par le contribuable, Steve Coast décida en effet de lancer un projet totalement gratuit, reposant sur les contributeurs

1. Voir Jim Giles, « Special Report Internet encyclopaedias go head to head », *Nature*, n° 438, 15 décembre 2005.

bles, au même titre que Wikipédia. Au début, projet devait couvrir seulement le Royaume-Uni, mais il s'étendit rapidement à de nombreux autres pays. Les données sont principalement issues de GPS, mais les membres doivent intervenir pour les qualifier et définir s'il s'agit, par exemple, d'un chemin, d'une route ou d'une autoroute.

Le fait que ce type d'information puisse être disponible gratuitement, avec des conditions claires, n'est pas étranger à ce succès. Ces données peuvent facilement être enrichies d'autres données contextuelles – comme les réseaux des transports en commun ou d'énergie – ou même d'informations totalement privées – comme la localisation des marchandises d'une entreprise. Elles bénéficient de mises à jour permanentes, effectuées gratuitement par cette multitude.

On trouve à présent une très vaste quantité de services créés par la multitude, dans les sciences, l'ingénierie, le logiciel, le design, l'environnement, le marketing, la mobilisation politique, etc. Pour chacun, le constat est à peu près le même : les utilisateurs sont mobilisés au sein d'une « pyramide d'engagement », c'est-à-dire que si la majorité d'entre eux est seulement intéressée par l'acquisition d'une information, une petite minorité de quelques pourcents va s'engager plus activement, tandis qu'une fraction encore plus faible de cette minorité prendra une part très active, allant parfois jusqu'à gouverner les communautés intervenant au sein du service. Pour qu'un service à base de multitude puisse fonctionner de façon convenable, chacun doit y trouver une place appropriée. L'autre clé du succès consiste à permettre à plusieurs types de compétences de collaborer à la création d'une œuvre collective.

C'est aussi particulièrement vrai dans le domaine de la programmation : les logiciels open source sont un exemple abouti de cocréation, faisant intervenir différentes disciplines telles que la programmation, l'expertise en bases de données, en design, en ergonomie, etc. Toutes ces compétences collaborent pour créer une œuvre d'une grande valeur qui n'appartiendra à personne et à tout le monde à la fois.

En réalité, les principes de l'engagement de la multitude, permettant de mettre en œuvre des compétences variées, ne sont pas nouveaux. Dès 1968, l'armée américaine les appliqua pour retrouver un sous-marin perdu sur le chemin du retour d'une mission dans l'Atlantique nord, dans une zone d'environ 400 km^2. Plutôt que de demander l'aide d'experts dans le domaine des sous-marins et des courants océaniques, l'officier de marine John Craven choisit de réunir une équipe pluridisciplinaire (mathématiciens, sous-mariniers, sauveteurs en mer, etc.) et leur demanda de se concerter pour donner ensuite l'estimation du lieu où pourrait se trouver le sous-marin. Alors que le défi semblait impossible à relever, on retrouva le sous-marin dans une surface équivalente à quelques terrains de football. Une performance d'autant plus surprenante que les informations mises à la disposition du groupe étaient particulièrement limitées. On ne connaissait ni les raisons du naufrage du sous-marin, ni sa vitesse et sa profondeur au moment de l'accident. C'est l'action collective du groupe et la mise en perspective à partir des compétences individuelles de chacun qui permit de recréer le scénario plausible de ce qu'auraient pu être les décisions du capitaine et des hommes de quart dans les heures qui précédèrent l'accident. Ainsi, il ne s'agissait pas uniquement de tracer une route vers le port d'attache, mais de chercher à comprendre ce qu'aurait fait l'équipage si un incident s'était déclaré, si c'était à la fin d'un quart ou au début, si le sous-marin était en opération secrète ou s'il revenait en surface, etc. Cette expérience concluante eut des conséquences importantes sur le fonctionnement de l'armée américaine, qui privilégia désormais la diversité des compétences dans les équipes constituées à partir de cet événement. Toutefois, ce modèle resta limité par le fait que les groupes de compétences pluridisciplinaires pouvaient difficilement être adaptés à des événements particuliers, peu susceptibles de se renouveler (comme la perte d'un sous-marin), sans devoir déplacer des individus sur des distances importantes. Internet a aboli cette limite : dans la recherche scientifique, nombreux sont les centres de recherche qui créent désormais des groupes de travail impliquant des compétences variées, localisés sur plusieurs continents et reliés par une plateforme commune.

Dans le domaine du marketing, des services comme Eyeka.com permettent de faire collaborer des groupes voulant relever des enjeux d'innovation sur lesquels des entreprises butent parfois depuis plusieurs années. Ce site, que j'ai fondé il y a une dizaine d'années, dispose à présent d'une communauté de plus de 400 000 créatifs, dont les compétences ne sont jamais plus efficaces que lorsqu'elles sont mutualisées, réunissant des experts aux métiers divers et provenant de plusieurs zones géographiques. D'une façon générale, la collaboration est devenue indissociable d'Internet : elle y est même au cœur.

Les services de financement participatif offrent également un bon exemple de l'expertise des foules. Généralement, ceux-ci sont organisés par disciplines verticales : financement de l'innovation (KissKissBankBank, Kickstarter, Ulule), musique (MyMajorCompany), science (DaVinciCrowd, Innocentive), etc. La raison en est que chacune de ces plateformes a pour velléité d'agréger les experts dans leurs disciplines, augmentant la qualité de leur décision de financement.

L'une des clés de la collaboration – qu'il s'agisse de médecine, d'institutions publiques, d'urbanisme – consiste donc à parvenir à faire travailler ensemble les experts qui peuplent la multitude. À l'avenir, il y a fort à parier que de nombreux processus d'innovation pourraient être cocréés, tant ce modèle semble supérieur au savoir académique. Ainsi, Karim Lakhani, professeur à la Harvard Business School, a observé que le plus souvent, ce sont d'apparents néophytes qui proposent les solutions les plus inattendues et parfois les plus efficaces. Lorsque l'institut Spill Recovery Ocean a soumis, par le biais de la plateforme Innocentive – spécialisée dans l'open-innovation –, un problème concernant la séparation du pétrole mélangé à l'eau, stocké dans les barges utilisées lors des catastrophes pétrolières, c'est un expert en nanotechnologies, sans expérience dans l'industrie pétrolière, qui l'a résolu. Sa trouvaille réside dans un processus initialement utilisé par l'industrie du ciment, qu'il avait identifié dans le cadre de son travail.

L'enjeu, comme nous le verrons dans cet ouvrage, est celui de la confrontation radicale : s'opposer au consensus qu'initie invariablement un groupe trop homogène, en âge, en genre, en formation, en origine sociale, etc.

Une grande partie de la force innovatrice du monde des start-up tient dans cette capacité d'hybridation culturelle. Une hybridation perçue comme désordonnée par les acteurs traditionnels, alors qu'elle est souvent encouragée, car indispensable. Il est probable que le terme de « barbares », que l'on attache souvent aux entrepreneurs du monde des start-up, vient justement de cette apparence de désordre qu'inspire l'hétérogénéité de ses profils.

Songeons-y : sans la multitude, il n'y aurait donc pas de Wikipédia ni de Facebook, car c'est nous tous qui apportons le contenu des réseaux sociaux. Il n'y aurait sans doute pas de Google non plus, car c'est en comptant le nombre de fois que nous empruntons un lien que Google « sait » quelle est la page la plus pertinente à mettre en tête de ses résultats. La multitude est donc une force quantitative, mais également qualitative, dont nous n'avons certainement pas encore saisi tout le potentiel.

La loi de Moore

En 1965, un ingénieur inconnu, travaillant dans une société de microprocesseurs aujourd'hui disparue, affirma que la densité des transistors sur une puce de silicium doublerait tous les deux ans. Il s'agissait alors d'une prédiction risquée, car ce type de composant n'existait que depuis quelques années et on ne maîtrisait encore qu'imparfaitement sa fabrication. Une telle affirmation équivalait à envisager que plusieurs millions de transistors puissent cohabiter sur quelques millimètres carrés en moins de deux décennies. Pourtant, c'est bien ce qui s'est passé : non seulement l'affirmation de Gordon Moore s'est révélée vraie jusqu'en 2015, année où ceux-ci atteignirent la taille d'un atome, mais cet homme a aussi cofondé la plus puissante des entreprises qui ait jamais été créée dans le domaine des microprocesseurs : Intel.

Si l'on évoque cette loi, c'est qu'elle représente un facteur fondamental dans l'émergence de la révolution digitale. Non seulement les technologies numériques vont se développer considérablement en complexité, mais leur prix va s'effondrer dans une proportion plus impressionnante encore. En 1972, le coût d'un ensemble d'ordinateur qui n'avait pas même le cinquième de la puissance d'un smartphone contemporain était d'environ 400 millions de dollars d'aujourd'hui ! Il en va de même du stockage et de l'administration des données : la société Cisco estime que ce coût a été réduit d'un facteur 70 000 en moins de vingt ans. Outre le fait de nous permettre d'accéder à des ordinateurs et des smartphones chaque année plus performants, la « révolution silicium » a surtout permis de démocratiser l'accès aux technologies numériques et à Internet. Ainsi, aujourd'hui, ceux d'entre nous – la vaste majorité – qui possèdent un smartphone ont tous dans la poche un processeur plus puissant que l'ensemble des calculateurs qui ont permis d'envoyer l'homme sur la Lune, démontrant – si c'était nécessaire – la puissance de la loi de Moore.

Mais avant même de démocratiser Internet, ce sont les télécommunications que cette loi a globalement développées. En moins de trente ans, l'émergence d'un nouveau format technologique pour ces télécommunications – le TDMA, dont l'appellation commerciale sera GSM – a permis à la quasi-totalité des habitants de notre planète d'accéder au téléphone mobile. La GSMA, association qui promeut le standard du même nom, estime que, désormais, plus de 7 milliards d'humains accèdent aux télécommunications, soit la presque totalité de l'humanité. Ainsi, des populations aux revenus très faibles, n'ayant souvent pas même l'électricité, rejoignent le village global grâce à la constance de la loi de Moore. Pour les pays émergents, qui composent les deux tiers de la population humaine, le changement de paradigme s'est fait à partir de 2001-2002, lorsque le prix des terminaux mobiles est passé en dessous de la barrière des 40 dollars : même avec de très faibles revenus, les populations pouvaient alors s'équiper et communiquer pour des coûts accessibles. Aujourd'hui, un téléphone mobile coûte moins de 3 dollars et en Égypte, le revenu moyen par utilisateur est de l'ordre de 0,81 dollar par mois !

Internet a suivi le même type de développement : s'il n'y avait que 23 ordinateurs connectés à Arpanet en 1971 et guère plus de 10 000 seize ans plus tard, ce chiffre s'étendit à 1 million d'ordinateurs en 1996, puis 360 millions au tournant du millénaire et environ 3,9 milliards en 2017. Soit environ la moitié de la planète ! On estime toutefois que plus de 4,5 milliards d'humains accèdent désormais à Internet, via des ordinateurs ou des téléphones mobiles qu'ils louent ou empruntent.

Là également, l'accélération s'est produite lorsque les terminaux mobiles, les smartphones, ont été accessibles pour moins de 50 dollars. Entre 2005 et 2015, c'est plus de 2,5 milliards de terriens qui ont rejoint le réseau des réseaux, en large majorité issus des pays en développement. En août 2016, une société indienne a lancé un smartphone à 3 dollars[1] dont les performances techniques sont tout à fait honorables.

La loi de Moore a également permis de décupler la puissance de calcul des terminaux. Depuis 2016, on estime que toutes les villes de plus de 10 000 habitants sont connectées au monde mobile. Ce fait rend notre monde plus connecté, permet de récolter plus de données, de mieux comprendre le comportement de l'humanité, et de prédire plus efficacement la façon dont les épidémies sont susceptibles de se répandre. Ebola, par exemple, a été en partie cantonné grâce à des simulations de propagation faites à l'aide des « traces » numériques des usagers des réseaux mobiles.

L'amélioration continue de la puissance des processeurs permet également de développer des services qui auraient été à peine envisageables il y a seulement quelques années. Les *data centers* de Facebook, par exemple, traitent des centaines de milliards d'interactions chaque jour : il ne s'agit pas seulement de centaines de millions d'heures de vidéos qu'il faut désormais stocker, mais également d'algorithmes sophistiqués, permettant de suggérer de nouveaux amis, de nouveaux articles à lire, et évidemment de définir les publicités les plus appropriées possible. Cette croissance a de nombreux revers : les risques de domination d'une poignée d'acteurs sur de grands pans de l'humanité, qu'il s'agisse d'États ou d'entreprises. Sur le plan énergétique, on estime que le numérique consomme à lui seul 15 % de l'ensemble de l'énergie

1. Il s'agit de Ringing Bells Ltd (http://ringingbells.co.in).

électrique produite, accélérant ainsi le recours à des ressources finies.

Data, Big Data, open data

Nous n'avons de cesse de créer des données : chaque minute, 3,2 millions de commentaires, photos et vidéos sont partagés sur Facebook, qu'utilisent désormais 1,74 milliard d'humains. Dans le même temps, 204 millions d'e-mails sont envoyés et 300 heures de vidéos sont uploadées sur YouTube. Toutes les 15 secondes environ, chacun des 7 milliards de téléphones mobiles crée spontanément de la donnée de localisation pour pouvoir fonctionner, déterminant ainsi l'emplacement précis de la quasi-totalité de l'humanité. En voici d'ailleurs une conséquence pratique : confondre un voleur qui nierait s'être situé sur le lieu de son larcin est devenu banal dans les tribunaux correctionnels, tant il est facile pour un juge d'obtenir l'historique de sa localisation auprès de son opérateur de téléphonie. Et nos smartphones font plus que cela : les services de cloud qu'ils contiennent transmettent nos localisations, mais aussi l'empreinte de notre voix, de nos doigts ; ils véhiculent nos transactions, nos interactions, nos lectures, les films que nous sélectionnons ou regardons, les services que nous consultons. Dans ce paysage, on peut ajouter les données que créent désormais nos équipements industriels, nos voitures connectées, nos maisons bardées de capteurs, les caméras de sécurité, etc. Voilà la nouvelle data produite par l'humanité alors qu'il y a vingt ans, il n'en existait que des services embryonnaires : seuls quelques dizaines de millions d'initiés, à l'échelle de la planète, étaient connectés à l'Internet, par le biais d'ordinateurs personnels. Voici pourquoi, chaque jour, l'humanité produit plus d'information que toute celle qui a été créée depuis les premières tables cunéiformes sumériennes jusqu'à l'an 2000 environ – soit un exabyte de données.

Il est difficile de proposer une définition de la révolution de la donnée accessible au néophyte. Beaucoup d'entre nous la perçoivent en effet comme une somme d'informations binaires, composées de 0 et 1, qui n'ont qu'une valeur limitée à l'usage pour lequel elle a été créée. Il est préférable, particulièrement pour les Latins que nous sommes, de conceptualiser la donnée sous forme d'information. Or, dans la majorité des cas, lorsque nous utilisons ou mettons en œuvre un équipement électronique, nous créons de l'information. Et cela n'est pas près de ralentir : dans la mesure où la moindre brosse à dents est désormais connectée, l'information créée est en croissance exponentielle.

On estime qu'en 2025[1], il pourrait y avoir 100 milliards d'objets connectés en sus des smartphones et autres tablettes, soit autant de machines qui créent de la « data » véhiculée par l'Internet. Chacune de ces machines générera des data de tous types, donnant de précieuses informations sur les activités humaines, l'environnement, la médecine, les sciences, les agents économiques, bref, sur le fonctionnement d'une infinité de systèmes complexes, auparavant isolés, incapables de communiquer avec un réseau unique. Une grande quantité de ces données est librement accessible. Il en est ainsi des tweets, des commentaires sur les réseaux

1. Voir Global Connectivity Index 2016 sur www.huawei.com.

sociaux, des données statistiques anonymes rassemblées par les opérateurs de télécommunications et de nombreuses autres sources de données. Mais dans leur grande majorité, l'information que recèlent ces data est perdue et n'est jamais réutilisée. Pourtant, ces data sont très riches d'informations potentielles. Ainsi, en comptant les fautes d'orthographe saisies dans le champ du moteur de recherche, on parvient à estimer assez précisément le niveau d'illettrisme dans un pays ou une région donnée. En suivant les flux des véhicules sur des autoroutes de province, on peut prédire avec une grande précision le nombre de caissiers qu'il faudra mobiliser plusieurs heures plus tard pour éviter de longues files d'attente. C'est pourquoi les GAFA, NATU, BATX, ainsi que nombre de start-up utilisant les data, n'en sont qu'à leurs débuts, dans la mesure où ils ne disposent que d'une fraction de l'information qu'ils pourraient extraire d'un traitement plus approfondi de ces données.

Par ailleurs, jusqu'à une époque récente, l'exploitation des données était limitée par l'absence d'outils appropriés pour le traitement de grands volumes. Ceux qui existaient se confinaient à une exploitation convenable des données structurées, généralement constituées d'une structure cohérente et progressive : un classement de noms par ordre alphabétique, des plaques d'immatriculation, etc. Le traitement de données stockées sans format prédéfini, typiquement constituées de texte brut, contenant éventuellement des dates ou des nombres, était très laborieux.

Un changement s'est produit au milieu des années 2000, avec l'apparition d'une nouvelle génération d'algorithmes qui a permis de gérer ces données incomparablement plus vite qu'auparavant. L'ensemble des technologies permettant cette nouvelle génération de traitement fut dénommé « Big Data ». Ce sont elles qui permettent de détecter le « sens » d'une conversation sur Facebook ou d'extraire une date et un lieu de rendez-vous dans une conversation sur une messagerie instantanée. Ce sont encore elles qui permettent d'affiner la qualité de la prédiction météo au-delà de deux ou trois jours, comme c'était le cas auparavant. On pourrait en dire autant pour la prévention précoce des maladies chroniques, le traitement des pathologies orphelines, l'émergence et la détection de nouvelles tendances politiques, et même la découverte du refuge de Ben Laden qui serait, selon certains, l'un des succès du Big Data. Enfin, ces technologies de Big Data sont des éléments fondamentaux du développement de l'intelligence artificielle et des learning machines, auxquelles elles servent de « support ».

L'autre facteur d'émergence de cette dynamique d'extraction de données est sa disponibilité. En unifiant les modalités d'échanges de données ainsi que les réseaux, le protocole qui sous-tend le fonctionnement de l'Internet, le TCP-IP, a aplati le monde dans une mesure difficilement concevable. Des données auparavant éparses, comme celles liées à la survenance de maladies rares, peuvent désormais être analysées bien plus facilement qu'auparavant ; la mesure de la consommation d'énergie électrique globale peut être évaluée avec un niveau de précision inégalé. Cette dynamique se renforce de celle de l'open data, et plus généralement de la transparence qu'induit ce nouveau monde. En permettant à quiconque d'accéder à des bases documentaires – comme Wikipédia – gratuitement, on étend aussi le champ du possible des algorithmes. Faire des analyses statistiques sur des bases ouvertes comme Wikipédia, Twitter ou Facebook permet par exemple de connaître la proportion de contenus francophones, et donc l'importance du français dans les échanges communs.

Il est parfois difficile de résumer en termes simples ce qu'est le Big Data, non seulement pour le néophyte mais aussi, parfois, pour les techniciens habitués aux systèmes traditionnels de données structurées. C'est pourquoi on résume généralement les possibilités offertes par le Big Data en trois caractéristiques fortes, appelées aussi « règle des 3 V » : Volume (pour les volumes bien plus importants que l'on peut désormais mobiliser), Vélocité (soit la possibilité de faire des requêtes beaucoup plus complexes) et Variété (pour l'opportunité de traiter désormais simultanément des données très hétérogènes).

Si la donnée représente un enjeu de premier plan et l'un des facteurs de la révolution digitale, il importe de comprendre que l'on peut désormais la « détourner » de son usage premier. Ainsi, de nouvelles opportunités apparaissent, justifiant que certains aient évoqué la data comme « l'or noir du XXIe siècle », tant elle représente un actif dormant, ne demandant qu'à être exploité.

DEUXIÈME PARTIE

Culture, management et ressources humaines

1.

Du taylorisme occidental

Il y a vingt ans, lorsque l'on demandait aux jeunes promus des grandes écoles de commerce où ils souhaitaient travailler, ils évoquaient souvent en premier choix le cabinet d'audit et de conseil Arthur Andersen. Une entreprise aujourd'hui disparue, emportée en 2001 par le scandale Enron, société de trading d'énergie qui avait largement falsifié ses comptes, avec la bienveillance… d'Arthur Andersen, chargé de l'audit des comptes, mais également de conseiller la société sur de nombreux aspects, dont la stratégie. À l'époque, le monde était encore largement empreint de la culture du XXe siècle : une carrière réussie commençait par une expérience dans une grande entreprise, idéalement dans le « consulting ». S'ensuivaient quelques changements d'entreprise, au cours desquels, sauf accident de parcours, on devrait « prendre du galon » pour s'élever plus ou moins vite au sein de la hiérarchie.

Mais cela, c'était hier : c'est-à-dire avant que l'image de ces entreprises ne soit atteinte par différents scandales, ou qu'elle soit remise en cause par la perception de plus en plus commune que si l'on y gagne sa vie, on peut tout aussi bien la gâcher dans des activités dénuées de sens. Ainsi, le crime de lèse-majesté s'est peu à peu affirmé : les grandes entreprises, qui auparavant parvenaient à attirer, presque sans coup férir, les meilleurs éléments des grandes écoles, n'y parviennent plus.

Un sondage récent[1] montre que c'est avant tout d'entrepreneuriat dont rêvent les étudiants. Le monde a changé, et si l'on demande à ces représentants de la génération millénium ce qu'ils pensent des grandes entreprises, on voit à quel point ils sont désenchantés à l'égard de ces organisations et de leur modèle de management. Le regard qu'ils portent sur notre société est parfois très cruel : différentes études montrent qu'ils trouvent que celle-ci manque de valeurs. Leur sensibilité à l'égard de la globalisation, des contraintes écologiques et sociales n'est plus la même que celle de leurs aînés. À titre personnel, ils souhaitent que leur engagement professionnel leur permette de s'épanouir. Cela ne signifie pas que leur engagement est moindre que celui de leurs aînés, mais il est conditionné à une quête de sens qui n'avait qu'une importance secondaire auparavant.

Ces jeunes jugent en effet généralement les organisations issues du XXe siècle inefficaces, arbitraires, et peu propices à l'épanouissement. Ils savent que la création d'une entreprise ou le lancement d'une start-up sont des projets difficiles qui nécessitent un niveau d'engagement que peu d'activités égalent ; pour autant, ils sont nombreux à penser qu'ils y trouveront beaucoup plus de satisfaction en termes d'épanouissement, de

---

1. « Un tiers des étudiants se rêvent entrepreneurs », *Le Monde*, 5 novembre 2015.

connaissance de soi, d'acquisition de compétences, techniques ou managériales, qu'en tout autre option professionnelle. D'ailleurs, les start-up montrent, à chaque instant, leur capacité à croître plus vite, à être plus innovantes et singulières que les entreprises bâties sur le modèle ancien.

En face, au sein des entreprises du CAC 40, les salariés et le management s'interrogent : leurs entreprises vont-elles réussir leur mue digitale ? Question récurrente, car ces entreprises représentent l'économie française. Elles totalisent plusieurs millions d'emplois et, lorsqu'elles éternuent, c'est l'économie nationale qui s'enrhume… Les travaux que j'ai menés à cet égard démontrent que c'est une question légitime : certaines de ces entreprises prennent un retard préoccupant sur des marchés où les risques de désintermédiation sont importants. D'autres ont au contraire annoncé des plans massifs de transformation. Ainsi, Axa a consacré 800 millions d'euros dans cette perspective. Par ailleurs, quelques entreprises, à l'instar de Schneider, ont profondément fait évoluer l'organisation de leurs centres de R & D. Cependant, toutes trébuchent à peu près sur le même enjeu : celui qui consiste à infléchir la culture même de l'entreprise, son mode de management, son système hiérarchique dans le but de mieux s'adapter à la révolution digitale. Rien d'étonnant à cela, car la nature d'une organisation est intrinsèquement liée à celle des hommes qui la dirigent. Or, la très large majorité de ceux-ci a été formée au XXe siècle ; leurs méthodes de management sont efficaces lorsqu'elles sont appliquées à des entreprises très hiérarchisées dans lesquelles règne la division tayloriste du travail, et dont les modèles d'échange d'information ont été structurés à une époque où les communications se résumaient au téléphone, au fax et, dans une certaine mesure, aux systèmes d'information. Des systèmes dont il faut bien retenir qu'ils n'ont que peu à voir avec ceux issus de la révolution numérique.

Pour ceux qui ont eu l'opportunité de travailler au sein de ces deux types d'entreprises, le choc est particulièrement frontal. Si je n'ai pas été personnellement salarié d'une grande entreprise, j'ai eu l'occasion d'en être à maintes reprises fournisseur de services. J'ai alors toujours été frappé par leur manque d'autonomie. Toute initiative y semble en permanence corsetée par une forme d'étau invisible, mais bien réel. Les employés doivent déployer au moins autant d'énergie pour innover qu'à agir en interne, afin que leurs idées puissent se frayer un chemin vers une réalisation concrète. L'arbitraire, la loi du « petit chef » semble avoir une large part dans ce type de systèmes et les luttes entre divisions – sans parler de celles qui consistent à contrer une hiérarchie trop tatillonne – semblent plus la norme que l'exception. Le célèbre cabinet de conseil en stratégie BCG a d'ailleurs évalué le coût de la hiérarchie à 30 % de l'ensemble des coûts fixes d'une entreprise ! Nombre d'opportunités sont par ailleurs perdues en raison de l'incapacité de prendre les décisions qui auraient permis d'accroître le développement de l'entreprise.

Qu'en est-il du côté des start-up ? Si elles ne sont pas exemptes de défauts, elles ne peuvent se permettre de gâcher du capital humain dans un monde où les cycles d'innovation se raccourcissent sans cesse, du fait de la globalisation de l'information. Permettre aux individus d'exprimer leurs talents n'est donc pas la conséquence d'une posture humaniste, mais avant tout d'une considération pragmatique. Une large part de la force de ces nouveaux modèles consiste ainsi à faciliter la prise d'initiative individuelle en conservant un objectif commun aussi clair et cohérent que possible. Ainsi, chez Facebook, on s'accorde généralement sur le fait que si l'on ressent fortement la vision managériale, cela ne se traduit que peu en processus de *reporting* « manuel » ou en pertes de temps dévolues à des enjeux de politique interne. S'il existe bien une hiérarchie, elle se trouve reléguée derrière le mode projet, ou encore derrière la culture de l'entreprise – et en particulier sa culture de la transparence. Comprendre ce qui a poussé Mark Zuckerberg et Sheryl Sandberg, comme un grand nombre d'entrepreneurs du XXIe siècle, à mettre en place un modèle « aplati », privilégiant une organisation et un mode de management en large rupture avec ce qui préexistait, est essentiel pour saisir à quel point la révolution digitale est une rupture plutôt qu'une évolution.

Hiérarchie et éducation : deux piliers du XXe siècle

Disons-le très directement : le modèle de management et le système hiérarchique de nos entreprises sont hérités des organisations militaires. Lors de la première révolution industrielle, les entrepreneurs ont été confrontés au défi qui consistait à mettre en place des organisations capables de gérer un nombre élevé de personnes dont les niveaux de qualification étaient variables et généralement faibles. Le seul type d'organisation que l'on connaissait alors, et qui avait montré son efficacité dans la gestion d'un grand nombre d'individus, était l'organisation militaire. Or, on le conçoit, ce modèle est tout sauf un système permettant l'initiative individuelle. Il est même structuré pour empêcher la prise d'initiative : hiérarchie et règlement y sont incomparablement plus importants qu'initiative et subsidiarité.

Lorsque la seconde révolution industrielle commença à poindre, le développement économique s'organisa autour de l'émergence de grandes usines reliées au chemin de fer, très voraces en capitaux et en équipements, et dont les procédés industriels devinrent sensiblement plus complexes avec l'avènement de l'électricité et des processus chimiques sophistiqués. Il devint donc impératif que la main-d'œuvre sache calculer, lire et parler français, ce qui n'allait pas de soi dans la France de la fin du XIXe siècle, composée de Bretons, d'Occitans, de Basques, d'Italiens fraîchement débarqués – pour n'évoquer que quelques-uns des particularismes linguistiques. L'école de Jules Ferry répondait à cette exigence. Si l'exploitation prolétarienne – le travail d'enfants et de femmes en particulier – avait déjà largement reflué, 15 % de la population était alors totalement illettrée[1].

Quant à l'organisation de l'éducation, elle ne fit pas longtemps débat : il s'agissait de distribuer des connaissances de base, mais essentielles. Or, même si leurs coûts ont fortement chuté, les livres ne sont pas encore massivement répandus. Il fallait donc faire en

1. Voir, Hélène de Gisors et Joffre Dumazedier, « Français analphabètes ou illettrés ? », *Revue française de pédagogie*, n° 69, novembre-décembre 1984.

sorte qu'entre 8 et 13 ans, les enfants apprennent les connaissances essentielles en mathématiques, grammaire, géographie, histoire. Carnets de notes, devoirs, tableaux noirs et… punitions furent institués. D'un bout à l'autre du territoire français, on mit en place la même éducation. Seuls les établissements catholiques continuent d'enseigner la religion, en sus de matières désormais obligatoires.

Au sein des entreprises, la seconde révolution industrielle introduisit de nouveaux processus et de nouvelles méthodes de management. Les progrès furent conséquents entre les années 1880 et 1910. Ils consacrèrent à la fois : la bureaucratie, notion inventée par le sociologue Max Weber, caractérisée par le droit et les règlements, dont l'objectif est de rompre avec l'arbitraire et limiter les abus du « petit chef » ; la division scientifique du travail, inventée par Frederick Taylor, qui vise à spécialiser des ouvriers par tâche afin d'accroître significativement la productivité ; l'administration, système développé par Henri Fayol, qui vise à analyser les processus productifs avec des méthodes chiffrées pour déterminer les meilleures pratiques et augmenter la productivité par une sélection scientifique. Ces principes de management vont accroître considérablement la productivité des entreprises, mais ils ne délégueront que très peu de pouvoir aux échelons inférieurs. Ainsi, les titres resteront presque inchangés en deux siècles. Le contremaître ne se muera que très récemment en chef d'équipe… et l'ouvrier reste encore aujourd'hui un ouvrier.

Au sein d'un système qui permettait de générer une forte croissance, rejaillissant sur l'ensemble de la population, les inconvénients d'un tel modèle restaient supportables et cette organisation perdurera, se perfectionnera et se renforcera[1] tout au long du XXe siècle. Dans les années 1980, la percée du Japon comme puissance économique de classe mondiale se fit largement à travers une modification sensible de l'organisation du travail, appelée « qualité totale » ou encore parfois « toyotisme », car mise en œuvre par Sakishi Toyoda, le fondateur de Toyota. Cette approche consiste à intégrer une part d'autonomisation des ouvriers, leur permettant de faire des suggestions sur la façon de travailler, et d'améliorer ainsi substantiellement la productivité et la qualité. Elle sera peu à peu intégrée au sein des entreprises occidentales, redonnant de l'autonomie à l'ensemble des maillons productifs. Il s'agit pourtant d'une autonomie limitée : les ouvriers ne font que corriger les biais les plus importants constatés sur les produits et le processus de production. Ainsi, si cette méthode a fait évoluer l'organisation du travail au sein de l'industrie, et dans une certaine mesure dans les services, le modèle préexistant perdure.

Depuis deux décennies, le modèle productif n'évolue plus guère dans son organisation. L'arrivée des robots permet à certaines entreprises de bénéficier de gains de productivité conséquents, bien qu'ils ne soient pas encore visibles lorsqu'ils sont observés de façon macroéconomique. Sur ce plan de mesure, les gains de productivité ne cessent de s'éroder, pour atteindre moins de 1 % par an, dans la plupart des pays occidentaux, ce

1. Voir en particulier les « missions de productivité » conduites par l'économiste Jean Fourastié qui, de concert avec le monde syndicaliste, ont significativement accru la productivité française, souvent en renforçant les logiques tayloristes et administratives.

qui démontre que ce modèle a atteint ses limites. On évoque d'ailleurs, depuis la première crise pétrolière de 1974, l'idée de « société postindustrielle », sans que sa définition fasse clairement consensus.

Nos systèmes éducatifs semblent avoir également atteint leurs limites. En France, et depuis le début des années 1980, le fonctionnement de l'Éducation nationale n'a eu de cesse de se dégrader : le taux d'échec scolaire augmente régulièrement, et l'Éducation nationale, dont on continuera pourtant à accroître les moyens de gouvernement en gouvernement au moins jusqu'aux années 2000, perd peu à peu son statut de phare de la République.

Au début de la décennie 2000, justement, l'OCDE mit en place l'indice PISA, dont l'objectif est d'évaluer la qualité de l'enseignement parmi une cinquantaine de pays membres et partenaires de cette institution. Reléguant la France entre la 21e et la 27e position suivant les disciplines dans son évaluation 2015 – PISA étant publié tous les deux ans –, ce classement reste, plus de quinze ans après sa création, fréquemment critiqué pour son analyse jugée biaisée.

Dans sa note de synthèse concernant les résultats 2009, l'OCDE s'inquiétait déjà de l'écart important qui existe, en France, entre les résultats des bons et des mauvais élèves[1]. En d'autres termes, l'école ne fabrique plus autant de mobilité sociale, remettant ainsi en cause l'un des piliers du modèle républicain. Par ailleurs, de nombreuses études démontrent que les compétences fondamentales ne sont plus convena-

---

1. PISA 2009, note de présentation (France) : www.oecd.org/pisa/46624019.pdf.

blement distribuées. Près d'un élève sur cinq sort de l'école primaire sans savoir suffisamment lire, écrire et compter pour être autonome dans ces disciplines. Il ne sert à rien de se prévaloir d'un fort taux de succès au baccalauréat si c'est pour masquer une défaillance fondamentale du système, à savoir la création en masse de handicapés sociaux – et généralement pour la vie !

L'école dysfonctionne donc, et ne remplit plus convenablement son rôle – aussi bien en termes de protocoles pédagogiques que de savoirs transmis. Pourquoi n'y développe-t-on pas des pédagogies dites inversées qui semblent, en de nombreux lieux, faire la preuve de leur efficacité ? Pourquoi la collaboration n'est-elle pas largement encouragée lorsque l'on sait que c'est une compétence fondamentale du monde qui vient ? Pourquoi ne développe-t-on pas des savoirs spécifiques, mais néanmoins essentiels, comme la pensée critique, qui permettrait d'éviter qu'un jeune sur cinq croie que les Illuminati dominent secrètement le monde[1] ? Pourquoi ne pas y apprendre à utiliser les réseaux sociaux ? Pourquoi le code, qui devient une grammaire contemporaine de plus en plus présente, ne fait-il pas *a minima* l'objet d'une initiation ? Une nation moderne devrait être à même de répondre positivement à ces questions pour éviter que l'école soit de plus en plus perçue comme un lieu ennuyeux – si ce n'est dépassé dans les savoirs qu'elle enseigne et surtout de la façon dont elle les enseigne.

Les modèles scolaires sont généralement des miroirs du modèle économique national : dans les pays asiatiques, où l'industrie continue à prédominer, les

---

1. Source : ministère de l'Éducation nationale, 2014.

systèmes éducatifs sont centrés sur la performance brute ; alors que dans les pays scandinaves, où la part de services et d'industries à très haute valeur ajoutée prédomine, les modèles pédagogiques sont axés sur l'épanouissement, le travail collectif, etc.

De Taylor à Snowden : vers un monde nouveau

Arrêtons-nous un instant. Qu'avons-nous en France ? Nous avons un système productif tayloriste dont la racine copie le modèle militaire. Nous avons un système éducatif qui copie ce modèle productiviste et l'alimente en capital humain formé selon ses besoins. Nous avons une société basée sur l'accroissement et la consommation des biens, souvent au mépris des externalités négatives que nous créons à l'égard de l'environnement et des sociétés humaines. Nous avons une organisation sociale basée sur une hiérarchie de classes, des classes généralement structurées par des gradients, eux-mêmes difficilement obtenus par un travail scolaire consistant le plus souvent à nous montrer obéissants, laborieux, capables d'apprendre de grandes quantités de connaissances dont nous n'aurons probablement jamais l'usage. Ce modèle consacre les têtes bien pleines et n'attache que peu d'importance aux têtes bien faites, c'est-à-dire à la pensée associative, propre à créer des ruptures conceptuelles.

Chaque jour, ce monde exprime ses limites. Le modèle d'innovation incrémentale des fabricants d'automobiles centenaires se voit ainsi bousculer par un jeune innovateur avec une vision radicalement différente de ce que pourrait être un véhicule électrique. Contrairement à ce qu'un Elon Musk ou un Steve Jobs pourraient nous laisser penser, ce monde n'est pas un monde d'innovateurs solitaires. C'est un monde d'innovateurs collaboratifs, connectés, bénéficiant de la transparence nouvelle de la galaxie humaine, accédant à un niveau de connaissance inégalé. Un monde qui permet de faire collaborer les meilleurs esprits à un niveau global pour le temps d'un projet, comme le fait remarquablement bien la DARPA, l'agence pour les projets de recherche avancée et de défense de l'armée américaine. Un monde où de jeunes adultes développent de nouveaux systèmes de batteries de recharge ultrarapide[1] ou un procédé permettant de nettoyer les océans des millions de tonnes de déchets plastiques qui s'y trouvent[2]. Tout cela en utilisant largement leurs capacités à synchroniser des connaissances issues d'Internet, à faire collaborer des expertises hétérogènes, à mettre en œuvre des outils de simulation auparavant inaccessibles. D'une innovation incrémentale – en blouse blanche – qui aura vu le moteur à explosion connaître des améliorations durant 140 ans, l'innovation devient, pour une part beaucoup plus importante, « de rupture » et consacre ainsi un Elon Musk. Ce dernier arrive à lancer une voiture d'un niveau d'innovation radical : nouveau type de moteur et nouveau concept de véhicule. Et tout cela en s'inspirant de notions éparses qu'il va rendre cohérentes en les rapprochant au sein d'un projet ambitieux, mêlant un système de paiement, une

1. Eesha Khare : une batterie basée sur un supercondensateur.

2. Boyan Slat : nettoyer les océans à l'aide d'un entonnoir géant. Voir, sur le site www.lexpress.fr, l'article « Ocean cleanup : l'invention géniale pour nettoyer les océans bientôt en service ».

voiture électrique, une unité de production thermique d'énergie solaire, un lanceur spatial ou un train évoluant sous vide. Cette innovation est souvent considérée comme « incontrôlée » car elle fait émerger des surprises, du fait même du processus itératif qu'elle privilégie. Steve Jobs a résumé ce nouveau processus d'innovation en rappelant que « créer, c'est simplement connecter des choses » parfois très éloignées les unes des autres.

Ces modèles s'opposent clairement à l'organisation qui régit l'immense majorité des entreprises. Dans une organisation hiérarchique, les employés qui ne restent pas à leur place, face à des managers attachés à conserver leur statut et leur position difficilement acquise, sont généralement pénalisés. La culture du silo et de la strate est en réalité érigée en religion : nombre d'entre nous ont maintes fois été confrontés à un manager incompétent qui impose ses vues, en dépit d'une meilleure solution, simplement parce que sa fonction fait autorité.

Ce type de pratique pourrait ne pas perdurer, car les modèles de demain différeront de ceux qui dominent aujourd'hui. Il n'est pas impossible que l'on finisse par juger sévèrement le modèle d'entreprise qui a prévalu tout au long du XXe siècle et qui prévaut encore largement, tant sa culture du « courber l'échine » fait penser aux forges du XIXe siècle, dont les conditions de travail étaient proches de l'esclavagisme.

En réalité, les organisations qui survivront pourraient bien être celles qui sauront récompenser leurs membres les plus turbulents et leur trouver une place appropriée : une organisation qui peut être extrêmement cohérente en matière de coordination et de planification, tout en laissant – autant que faire se peut – de l'autonomie à ses composantes. C'est une caractéristique émergente de certaines des entreprises les plus emblématiques de la révolution digitale. Elle s'oppose fondamentalement à l'esprit d'obéissance qui fondait les sociétés antiques, particulièrement au sein des forces cardinales qu'étaient l'armée et la religion.

Ainsi, rencontrer les entrepreneurs les plus emblématiques de cette révolution digitale représente une expérience particulière, tant ils diffèrent de ce que l'on imagine : ce ne sont pas systématiquement des grands communicants, ni des individus dont le génie est si saillant que l'on ne doute pas un instant de leur expertise. Bien au contraire, ce sont parfois des personnages étranges, timides ou peu sûrs d'eux, parfois mal à l'aise en société. Leur parcours scolaire fut, plus souvent que l'on ne le pense, particulièrement chaotique. Ce qui frappe généralement, c'est qu'ils sont, sur un champ particulier, d'un niveau d'expertise unique ; en contact avec l'ensemble des acteurs qui comptent dans leur discipline, au courant des plus récentes innovations les concernant et généralement assez disposés à partager ce qu'ils savent.

Leurs parcours révèlent souvent des points communs. D'Elon Musk à Steve Jobs, en passant par les fondateurs de nombreuses autres start-up, ce sont des individus qui, parce qu'ils se sont retrouvés en situation d'échec, ont inventé des stratégies alternatives. Parce qu'ils ne comprenaient pas le monde qui leur était proposé, ils ont tenté de faire différemment. Elon Musk a failli se faire démettre à deux reprises de la direction générale d'entreprises qu'il avait cofondées, en grande partie en raison de désaccords sur le modèle de développement qu'il souhaitait initier. Être confronté à l'adversité induit souvent des stratégies alternatives en rupture avec la pensée convenue. Cette situation pousse à concevoir l'échec non plus comme une fin en soi, mais comme un moyen d'accumuler des connaissances – d'une certaine façon, des données – sur ce qui ne marche pas, réduisant ainsi le champ d'expérimentation. Thomas Edison avait coutume de dire, lorsqu'on lui demandait de raconter son invention de l'ampoule électrique : « J'ai fait 10 000 prototypes ; ce n'étaient pas des échecs. J'ai simplement trouvé 10 000 manières de faire une ampoule qui ne marchait pas. » Il démontrait ainsi que l'échec est une notion intrinsèquement liée à la réussite.

La capacité à fédérer un petit groupe de fidèles sur un thème particulier reste un point déterminant. Dans le cas de Facebook, il ne faut jamais oublier que Mark Zuckerberg n'était pas programmeur, mais psychologue de formation. C'est cette compétence qu'il a confrontée avec les visions de designers, de codeurs, de statisticiens, qui, ensemble, disposaient de l'expertise permettant de développer un réseau social d'un genre totalement nouveau.

Ces capacités à réfléchir de façon orthogonale, à s'ouvrir largement sur une communauté d'expertises diverses caractérisent la génération millénium. Cependant, elles ne sont pas reconnues comme essentielles par notre modèle finissant de société. Elles ne sont pas particulièrement encouragées au sein du système éducatif, et encore moins dans le secteur productif. En réalité, cette génération a commencé à se créer sa culture – une culture encore *underground*. Une culture qui, d'après Michel Serres, voit la compétence comme seule vraie légitimité : on pourrait presque la qualifier d'« expérientielle ». Une culture faite de partage et d'association d'idées, souvent issues d'univers différents. Aux États-Unis, il est symptomatique de voir que les jeunes générations plébiscitent le lanceur d'alerte Edward Snowden, tandis que les générations plus âgées le voient comme un traître à la nation[1]. Pour les uns, il est le symbole de la transparence qui vient et pour les autres, un irresponsable qui, en remettant en cause le fonctionnement des institutions, met en situation de faiblesse un modèle intangible.

Au-delà de ces dissensions générationnelles, reste une question ouverte sur le modèle de management – si l'on peut encore parler de management – que l'on doit adopter au sein de l'entreprise du XXIe siècle. Un modèle qui s'oppose au précédent à un niveau tel que les capitaines d'industrie des grandes entreprises européennes évoquent souvent leurs concurrents digitaux de façon dédaigneuse, comme des aventuriers qui auraient réussi par un coup de chance ou du fait du hasard. Deux autres questions viennent immanquablement à l'esprit : nos entreprises sont-elles capables de changer suffisamment pour adopter le modèle qui vient ? Avons-nous un système éducatif approprié ? Les réponses ne sont pas évidentes.

---

1. Voir, sur le site www.pewresearch.org, l'article « Most young Americans say Snowden has served the public interest ».

D'une culture à l'autre

Chaque année, je réalise avec le quotidien *Les Échos* une évaluation de la transformation digitale des entreprises du CAC 40. Il s'agit d'un travail laborieux, pour lequel j'ai construit un fichier d'une centaine de questions, classées en cinq thèmes : les interfaces (réseaux sociaux, e-commerce, sites Web, applications...) ; les écosystèmes (façon de travailler avec les start-up, relation avec les incubateurs, etc.) ; la technologie (cloud, Big Data, voire intelligence artificielle) ; le modèle de management et la culture d'entreprise ; la sécurité.

Il est étonnant de voir combien l'enjeu de la transformation digitale est chaque année pris de plus en plus au sérieux. Les efforts que les entreprises sont capables de fournir d'une année sur l'autre sont très substantiels. Pour autant, s'il y a un domaine dans lequel elles paraissent trébucher, c'est celui du modèle de management. La culture du silo (« c'est ma division, ça ne concerne pas la tienne ») et de la hiérarchie est terriblement présente et semble bien difficile à remettre en cause. On ne peut pas outre mesure blâmer des managers et des dirigeants dont toute la formation – particulièrement en France, pays fasciné par la verticale du pouvoir – a consisté à concevoir des modèles hiérarchiques et de division scientifique du travail. Mais on peut toutefois s'inquiéter et se demander pourquoi ces grandes organisations, qui représentent une part significative de la valeur produite et des emplois de notre pays, ont tant de mal à adopter le modèle du XXIe siècle. Or, les GAFA nous le rappellent chaque jour, leur développement impertinent n'est que la pointe d'une vague qui touchera un jour tous les secteurs d'activités. Ne pas s'adapter, c'est se mettre en danger. Cette dynamique est valable pour les grandes entreprises, mais également pour toutes les autres, les institutions publiques, les écoles et sans doute également le cercle familial. Il est aujourd'hui acquis que la propension à être imaginatif, à collaborer, est induite par des dynamiques autonomes des compétences transmises par le système éducatif ; les modèles d'interactions de la génération millénium pourraient bien encourager cette dimension dans une mesure insoupçonnée.

En France, aucune entreprise « traditionnelle », c'est-à-dire fondée avant l'émergence du paradigme numérique, n'a effectué une transition totale vers le modèle de l'entreprise digitale. Les transitions sont au mieux partielles. Des sociétés comme Décathlon, Adeo ou Kiabi (toutes trois rattachées à l'Association familiale Mulliez) sont allées assez loin en matière de décloisonnement. D'autres entreprises, comme Poult, Favy ou le Groupe Hervet, ont adopté des modèles d'organisation très novateurs et « libérés », avec des résultats plus ou moins satisfaisants. Si elles sont mises en avant avec beaucoup d'enthousiasme par différents experts[1], de l'aveu même des salariés qui y travaillent, les dysfonctionnements restent nombreux et les sources de frustration sont potentiellement importantes. Ce sont, entre autres, les outils et processus digitaux qui paraissent manquer pour parvenir à créer un modèle comparable à celui des entreprises digitales. Il n'en est pas moins vrai que « ça marche » généralement mieux qu'au sein des entreprises hiérarchisées, en particu-

1. Isaac Getz et Brian M. Carney, *Liberté & Cie. Quand la liberté des salariés fait le succès des entreprises*, Flammarion, 2016.

lier si l'on prend en compte le niveau de satisfaction des collaborateurs qui y travaillent. Certaines de ces entreprises connaissent des niveaux de développement significatifs. Poult, un biscuitier évoluant dans un marché en récession chronique (-3 % en 2013), parvient à croître de façon soutenue depuis des années. Et que dire de Décathlon, dont les chiffres financiers ne sont pas connus, mais que l'on suppose excellents, si l'on considère l'ouverture continue de nouveaux magasins dans le monde entier ?

Ce modèle porte différents noms qui reflètent des principes d'organisation parfois assez éloignés les uns des autres mais prônant tous le schéma cellulaire : « entreprise libérée », « holacratie », « modèle agile » ou encore « *scrum* ». Si les modèles holacratiques les plus radicaux ne sont qu'exceptionnellement adoptés par les entreprises californiennes, celles-ci ont largement mis en œuvre des organisations *scrum* (un mode de développement agile particulièrement en vogue dans les entreprises du logiciel, mais pas uniquement), au moins au sein des équipes de production et d'exploitation. Il n'est d'ailleurs pas exclu que le succès des modèles *scrum* au sein du monde du code ait, par ricochet, largement promu le principe d'entreprise libérée.

Pour beaucoup d'observateurs venant du monde traditionnel cependant, le modèle horizontal ou cellulaire n'est qu'une lubie, destinée à disparaître lorsque émergera le prochain processus de management à la mode[1]. Mais il est peu probable que cela arrive. Car

1. Voir, sur le site www.e-rh.org du collectif des MÉCRÉANTS (association d'analyse des pratiques RH), le document « Entreprise libérée. La fin de l'illusion » (2015).

tout autant que le « logiciel dévore le monde », comme l'a affirmé Marc Andreessen, le tonitruant fondateur de Netscape, les méthodes de travail « plates » qui y sont en vigueur ne sont pas remises en cause – tout au moins outre-Atlantique. Lorsqu'il est apparu évident que le système cellulaire, agile, mettant en œuvre de petites unités « pizza teams » pour résoudre un grand nombre de tâches disséminées, était potentiellement plus efficace que le modèle hiérarchique, il est devenu nécessaire de structurer des organisations de projets à des échelles importantes. Ainsi du *scrum*, né dans les années 1990, qui a permis, par le biais des plateformes numériques, d'accroître sensiblement l'efficacité du développement des projets informatiques, mais aussi industriels ou serviciels.

Certes, de nombreuses entreprises organisent leurs activités de développement numérique en mode *scrum* ou agile, tout en conservant, pour le reste, un mode traditionnel, mais cette organisation n'est pas la plus efficace. La génération millénium n'a que peu d'attrait pour une entreprise qui décide de sa stratégie et qui donne libre choix aux développeurs pour s'organiser entre eux, sans pouvoir à aucun moment infléchir le modèle de développement retenu. Plus encore : ce modèle générique est imposé par l'aplatissement du monde de l'entreprise induit par les plateformes numériques. En permettant aux data de circuler au sein de l'entreprise beaucoup plus librement que dans les ERP (systèmes d'informations d'entreprises), les plateformes numériques initient *de facto* une horizontalisation de l'entreprise. Pourquoi devrais-je attendre je ne sais quelle approbation de mon manager, alors que je dispose d'assez d'outils pour prendre une décision seul ou avec mes collègues et agir de façon optimale ? Cette situation impacte profondément l'organisation de l'entreprise, mais également son modèle de développement – en particulier la façon dont elle génère de l'innovation.

Management ambidextre

Il ne s'agit pas d'affirmer que l'ensemble des fonctions managériales vont disparaître, bien au contraire : il s'agit ici de poser le principe d'une autonomisation incomparablement plus élevée, rendue possible par de nouvelles méthodes de travail ainsi que par de nouveaux outils, permettant une synchronisation à grande échelle des équipes de travail. En réalité, les organisations les plus performantes répètent avec une constance presque stupéfiante le modèle du « management ambidextre » développé par les chercheurs Tushman et O'Reilly[1]. Dès le milieu des années 2000, ceux-ci ont observé que les organisations les plus performantes n'opposent pas le management directif à l'autonomie de leurs équipes, mais mettent en œuvre les deux à la fois ! Cette approche est stimulante, tout en permettant de disposer d'une analyse dynamique et synthétique en fonction des difficultés et échecs rencontrés. Ceux qui ont expérimenté les méthodes agiles à une large échelle font observer que c'est le manque de coordination et de synthèse qui est le plus préjudiciable au bon développement d'un projet complexe. General

---

1. Michael Tushman, de la Harvard Business School, et Charles O'Reilly, de l'université de Stanford, sont les auteurs du livre *Lead and Disrupt. How to Solve the Innovator's Dilemma*, Stanford University Press, 2016.

Electric a été confronté à ce problème, lorsque des milliers d'ingénieurs ont été organisés en mode agile lors du développement du Leap, le réacteur d'avion qui a succédé au CFM56 (le réacteur le plus vendu au monde). Et nombreuses sont les organisations qui ont arrêté le mode agile en constatant qu'elles étaient incapables de coordonner des équipes nombreuses et aux responsabilités parfois très différentes. En réalité, l'analyse de Tushman et O'Reilly montre sans ambiguïté que les organisations qui fonctionnent le mieux sont des « démocraties totales dirigées par des tyrans attentifs ».

Amazon, Google, Apple ou Facebook ne sont certainement pas des holacraties. Toutes sont connues pour avoir à leur tête un leader charismatique, si ce n'est messianique, dont le comportement, pour certains, frise le mode dictatorial. En dessous, il existe également des processus managériaux, mais le fait d'accroître le niveau de transparence de l'ensemble de l'entreprise permet clairement de limiter les niveaux d'interaction verticaux et de donner le sentiment – avéré – que le management n'est pas aussi présent qu'ailleurs. Le corollaire de ce type de modèle est que ceux qui ne parviennent pas à s'adapter à ces organisations n'y font pas long feu. Ils sont rapidement identifiés comme des éléments peu intégrés et généralement écartés.

Pour résumer, on pourrait dire que les organisations les plus performantes reprennent plus ou moins les mêmes principes :

– des équipes de petites tailles disposant d'un fort niveau de pluridisciplinarité, parfois mises en compétition les unes par rapport aux autres ;
– une très forte délégation de pouvoir, au sein de ces équipes ;

- une mesure permanente des progrès, échecs et regards rencontrés, avec l'assistance d'analytics et, d'une façon générale, les data comme principe d'interaction avec les processus ;
- des arbitrages dynamiques et ponctuels du management, en fonction des éléments de mesure rapportés entre autres par les analytics, et des choix forts, assumés en fonction de la vision stratégique et du projet d'entreprise.

L'ensemble de ces points feront l'objet d'une analyse détaillée dans la suite de cet ouvrage.

2.

La culture de la disruption comme modèle d'innovation

CETTE culture de la disruption, largement itérative, conduit parfois à des catastrophes si elle n'est pas structurée. Si elle s'est construite peu à peu, comme au sein de la Silicon Valley, alimentée par une forme d'utopisme technologique, elle a été corsetée par la nécessité de produire efficacement pour répondre au développement des start-up à succès. L'émergence du modèle start-up – si l'on peut parler d'un « modèle » – est un mélange de pragmatisme productiviste et d'utopie californienne[1]. C'est d'ailleurs cet utopisme qui a poussé des scientifiques (financés par l'armée américaine) à inventer Arpanet ; c'est ce même utopisme qui a poussé Steve Jobs à vouloir donner un ordinateur à chaque Américain afin de lutter contre le lobby du corporatisme militaire qu'il percevait dans l'association d'IBM et de l'armée américaine. Très tôt, une forme de culture *underground* s'est installée au sein

1. Lire à ce propos Walter Isaacson, *The Innovators. How a Group of Hackers, Geniuses, and Geeks Created the Digital Revolution*, Simon and Schuster, 2015.

de cette Silicon Valley, poussant à repenser le monde en utilisant le vecteur de la technologie.

Il ne faudrait cependant pas imaginer que la culture du management y était homogène, et surtout directement issue des principes *hippies*, de type « *peace and love* ». L'un des gourous du modèle de management des entreprises technologiques, dont Steve Jobs s'est d'ailleurs largement inspiré, n'est autre qu'Andy Grove, le fondateur et premier directeur général d'Intel, trois décennies durant. Andy Grove était célèbre pour la dureté de son management. Pour le directeur général de VMware, « une séance de travail avec Andy était comme une extraction de molaire chez un dentiste se refusant à utiliser de la novocaïne ». Andy Grove écrivit le best-seller *Seuls les paranoïaques survivent*[1], resté célèbre pour son apologie du stress et de la confrontation brutale. *A priori*, des valeurs fort éloignées de celles du modèle agile et de l'holacratie, qui prônent la concertation et le respect de l'autre. Toutefois, en lisant attentivement son autre livre, *High Output Management*[2], on y trouve mis en exergue des principes communs avec ceux des entreprises digitales : la transparence, qui est pour Andy Grove une vertu managériale essentielle ; la mesure de la performance au travers des données, qu'il présente également comme fondamentale ; enfin, la pensée de rupture, à la base de son modèle de management, et qui est clairement une invitation impérative à l'autonomisation des individus et des équipes.

---

1. Andrew Grove, *Seuls les paranoïaques survivent*, Village mondial, 2004.
2. Andrew Grove, *High Output Management*, Vintage, 1995.

Andy Grove a quitté le management d'Intel en 1996, soit bien avant l'émancipation de la génération millénium, et à une époque où Internet n'avait encore qu'un impact marginal sur notre société. Si nombre de ses idées ont perduré, elles ont largement été recyclées dans de nouvelles formulations plus en phase avec l'esprit du temps et les nouvelles méthodes, apparues ultérieurement.

La disruption est devenue aujourd'hui une fonction surdéterminante, alors que les cycles d'innovation se rapprochent les uns des autres et que l'association de technologies très banales peut mettre à terre l'activité de mastodontes économiques centenaires. Ce sont les communautés de développeurs qui ont, les premières, repensé le mode de fonctionnement de l'entreprise. Dès les années 1950, des programmeurs ont envisagé des méthodes de développement révolutionnaires dans le monde cybernétique, « itératives », déléguant un pouvoir important aux informaticiens. Mais ces approches n'ont eu, des décennies durant, qu'un impact limité tant elles sont révolutionnaires. Les grandes sociétés de services informatiques leur préfèrent des modèles faisant intervenir des *business analysts*. Au cours des années 1990, les travaux de Jeff Sutherland et Ken Schwaber – les inventeurs de la méthode Agile – ont montré que des développeurs qui ne travailleraient plus dans le cadre de tâches mais dans celui d'objectifs seraient beaucoup plus performants. Ce qui était nouveau, c'est qu'avec Internet, il était désormais possible de synchroniser de larges équipes de développeurs et de tester plus rapidement qu'auparavant. En 2001, Jeff Sutherland et Ken Schwaber ont promu le *Manifeste agile du développement logiciel*, qui a marqué un tournant. De nombreuses entreprises – ICQ, PayPal, mais également Motorola et d'autres moins connues – observent que des méthodes relativement proches (eXtreme Programming, Adaptive Software Development et Feature-Driven Development), généralement inspirées de l'esprit Agile, permettent des niveaux de productivité sensiblement plus élevés qu'auparavant.

Aujourd'hui encore, le monde du « code » initie des pratiques d'organisation d'avant-garde. L'open source, la certification collective, le Devops (développement-exploitation) en sont quelques-unes. La marche difficile à franchir consiste à appliquer ces pratiques à l'extérieur du monde du code et à contaminer l'entreprise – toute l'entreprise – par ces pratiques. Il fut déjà difficile aux codeurs de s'extraire de leur travail subordonné à de plus nobles fonctions au sein de l'entreprise ; imaginer qu'ils puissent définir les normes managériales de l'entreprise était jusqu'à peu à peine concevable. C'est pourtant ce qui est en train de se passer : comme « le logiciel dévore le monde » (Marc Andreessen), on peut dire que les codeurs dévorent le management traditionnel ! Le *scrum* évoqué plus haut, en induisant des niveaux d'autonomie très significatifs pour de petites équipes, fut vécu par de nombreuses entreprises comme une révolution. Celui-ci induit plusieurs notions importantes : le principe de *product owner*, sorte de « client du produit », qui va réaliser les arbitrages au niveau de son équipe pour favoriser un *minimum viable product* qui répondra au mieux aux attentes du client ; la taille réduite des équipes, limitées à 10-12 personnes (on parle de *pizza team*, car en Californie on jugeait que l'on devait pouvoir nourrir cette équipe avec un maximum de deux pizzas de type familial) ; la fréquence de mesure de l'avancement, réduite en général à une ou deux semaines, qui permet de réorienter les développements ne donnant pas les résultats souhaités et de maintenir la dynamique des processus d'innovation. On conçoit que les outils de type analytics soient évidemment des auxiliaires bienvenus dans ce travail d'évaluation. Cette notion d'agilité et d'autonomie des équipes n'est toutefois qu'un des multiples fondements de la révolution digitale. Ainsi, observer les expériences les plus radicales – les entreprises américaines Gore, Amazon, SalesForce – mais également l'école de codeurs 42, financée depuis quelques années par Xavier Niel et dont la pédagogie a été inventée par les anciens dirigeants de l'école Epitech (Nicolas Sadirac et Kwame Yamgnane), permet d'identifier des traits communs faisant émerger l'innovation de rupture.

Penser le lieu

Quiconque a l'opportunité de visiter une start-up emblématique de la révolution digitale ne peut qu'être surpris par l'attention portée à la structuration des locaux, à leur architecture, aux flux. Facebook, dont le nouveau siège social a été conçu par l'architecte Frank Gehry, constitue sans doute l'exemple le plus abouti. L'objectif est avant tout de trouver une concomitance de lieu, de temps et d'intention : l'initiation de l'innovation se fait généralement au sein d'un processus fulgurant, concentré, où s'entrechoquent points de vue, expériences, compétences et connaissances afin d'accoucher de nouvelles idées. Un lieu propice à l'échange, dans lequel les différentes équipes pourront se retrouver dans un même temps et avec un même objectif, est donc essentiel.

Le directeur créatif de Pixar faisait déjà ce constat. Lorsqu'on lui demandait comment il parvenait à faire des films aussi créatifs, il insistait sur la nécessité de souder et d'isoler l'équipe : dans le désert du Nevada, dans son cas, dans un hôtel « ni trop luxueux, pour éviter qu'ils ne s'endorment dans le confort, ni trop spartiate pour éviter qu'ils ne dépriment ». Il faisait observer que lorsque le lieu et l'équipe étaient cohérents, les réunions de quinze heures ne posaient de problème à personne. Le lieu exprime très souvent le modèle organisationnel de l'entreprise. Facebook est probablement la seule société au monde à avoir tenu à rassembler 2 800 experts aux compétences essentielles (codeurs, ingénieurs, designers, etc.) dans un seul espace ouvert de 40 000 m^2, du nom de MPK20, à Menlo Park. Mark Zuckerberg lui-même s'y est installé, au milieu de son équipe (il n'a d'ailleurs pas de bureau attribué). Il est difficile de trouver un symbole plus fort d'entreprise qui souhaite privilégier la transparence et maximiser les possibilités d'interaction entre ses membres. Et ce lieu n'est pas inhumain. Le moindre détail a été soigné, pour que les salariés s'y sentent aussi bien que possible : le bruit est atténué par d'astucieux systèmes absorbants ; les espaces sont dessinés de telle sorte qu'ils soient différents les uns des autres et évitent que les collaborateurs aient le sentiment de n'être qu'un numéro au sein d'une entreprise impersonnelle ; enfin, de nombreux espaces privatifs permettent d'avoir des réunions isolées.

Casser les silos culturels

La hiérarchie n'est rien d'autre que la conséquence de l'absence de moyens de délégation et d'autonomisation des collaborateurs à grande échelle. Nous rentrons dans une ère où la plateforme – le système de gestion unifié des données de l'entreprise – permet d'envisager un modèle où la verticalité et les silos sont presque totalement absents. C'est plus efficace en ce qui concerne les processus simples, mais cela permet également de disposer d'un outil de fonctionnement beaucoup plus adapté à l'innovation de rupture et à l'apparition du phénomène d'innovation itérative défini par le mot *serendipity* (sérendipité).

L'innovation vient avant tout des écosystèmes qui privilégient la diversité de cultures, de compétences, d'expertises techniques. Les organisations qui parviennent à mélanger les nationalités, les disciplines et les regards sur le monde sont probablement les plus efficaces dans le jeu de l'innovation. C'est peut-être ce qui frappe le plus lorsque l'on visite une importante entreprise digitale californienne : l'incroyable diversité des membres qui la composent. Aucun ne semble avoir un parcours standard. Si beaucoup ont fait des études prestigieuses, ce n'est pas systématique. Ainsi, on estime généralement qu'entre 5 et 7 % des salariés de Google n'ont pas de diplômes directement liés aux compétences qu'ils développent, et ceci au sein d'une entreprise réputée pour avoir institué un véritable culte de l'ingénieur. Certes, il ne s'y trouve que 29 % de femmes (ce qui reste bien plus que dans beaucoup de start-up européennes) et rares sont les salariés au-delà de 45 ans. Pour autant, chez Google comme ailleurs, se développe de plus en plus une pluralité de modèles de management, basés sur le fait que l'innovation est un processus complexe qui nécessite de la pluridisciplinarité et, si possible, du multiculturalisme. « Il s'agit de privilégier, sans nécessairement le systématiser, un modèle permettant les expériences de cocréation, dans lesquelles la communauté des membres est amenée à collaborer sans discrimination d'origine, de formation », remarque Kwame Yamgnane, directeur de l'école 42 à Fremont, en Californie. Dans ce modèle, on peut observer que le plus souvent, ce sont les néophytes qui sont à l'origine des solutions les plus pertinentes. Une idée audacieuse peut facilement être promue par un « champion candide » qui, justement parce qu'il n'y connaît rien, pourra emporter la conviction du sachant, lequel disposera, de son côté, de l'expertise nécessaire au passage à l'acte. De plus, la diversité des points de vue, l'addition de solutions partielles permettent de surmonter un problème, un médiateur économique, une limite technologique considérée comme immuable.

Il importe donc de transcender les différences sociales et cognitives par le biais de l'objectif. En effet, la diversité sociale est non seulement souhaitable, mais presque indispensable. Ce constat, déjà observé dans de nombreux environnements (sport, armée...), n'est finalement que peu appliqué au sein des organisations. Celles-ci déploient souvent une quantité importante d'énergie pour maintenir des barrières entre classes sociales (langues, centres d'intérêt, cantine, parking, taille des bureaux, pour n'en citer que quelques-unes). Or, la richesse des différences d'origines sociales est avant tout cognitive : *percevoir le monde d'ailleurs*. Cette richesse ne peut être exploitée que si le contexte transcende les barrières sociales pour permettre une confrontation des idées aussi directe que possible. Il s'agit de se réapproprier la notion de conflit sociocognitif qui, en psychologie, évoque la confrontation survenant entre plusieurs enfants à propos d'un problème. Ce conflit permet avant tout à l'enfant de prendre conscience du point de vue de l'autre et parfois de le transcender. Un langage commun – dans le monde informatif, il s'agit du code – constitue un vecteur idéal de l'émergence d'une culture commune dépassant les barrières initiales.

En conséquence, et encore une fois à l'encontre du modèle préexistant, il importera de limiter au strict minimum la hiérarchie et ses symboles, tant il est vrai que la capacité de disruption repose en grande partie sur l'organisation. Une entreprise ne sera réellement en mesure de « disrupter » qu'en acceptant de repenser les rapports entre les parties prenantes et les individus. On passe alors du *team building* à l'*intelligence building*. Pour innover, l'entreprise doit permettre la décentration, l'émergence d'idées nouvelles, de l'intelligence en favorisant l'émulation.

Il n'est pas étonnant que les entreprises californiennes reconnues comme les plus innovantes aient généralement des organisations horizontales, au sens propre comme au figuré. Mark Zuckerberg se trouve au milieu de ses codeurs, alors que le bureau d'un patron français ou européen est souvent à l'écart, voire tout en haut de la tour, du *headquarter*. Comme le font observer les chercheurs Detert et Burris[1], pour accroître l'effi-

1. James R. Detert est rattaché à l'université Cornell et Ethan R. Burris à l'université du Texas.

cacité d'une organisation, il est nécessaire de réduire les signes de pouvoir et de renforcer les dynamiques de transparence. L'une des convictions établies du milliardaire américain Jim Simons est aussi que « le meilleur moyen de faire de la recherche à grande échelle est de faire en sorte que chacun sache ce que fait l'autre ». En réalité, la hiérarchie, au sens où elle est entendue dans le modèle classique de management, qui sous-tend l'opacité et la prépondérance des processus d'organisation sur la valeur des idées, est un moyen efficace de réduire significativement les opportunités systémiques d'innovation de rupture.

Dans le même esprit, on tâchera d'éviter l'émiettement des compétences au sein des divisions. Celles-ci diluent les expertises, les figent et finalement les anéantissent. Tim Cook, le directeur général d'Apple, a pu dire, au cours d'une interview : « Nous n'avons pas de divisions, nous avons choisi de ne pas faire ce que les écoles de commerce enseignent et ce que font les grandes entreprises. Elles partagent leurs sociétés en divisions, donnent à chaque division un P & L et chaque division fait son marketing, sa communication et ses opérations. » Même si ce n'est pas tout à fait exact (il y a bien quelques « Business Units » chez Apple), cette déclaration résonne comme une profession de foi : privilégier la mobilité de l'expertise par rapport au confort de la BU que l'on peut renforcer ou supprimer en fonction de sa performance. Elle démontre aussi, dans une certaine mesure, la volonté de ce type de société de s'affranchir de la contrainte financière court-termiste des reportings financiers trimestriels.

Limiter le temps

Dans les méthodes de type *scrum*, l'échelle de temps est généralement résumée en « sprints » – des séquences de travail d'une à trois semaines, permettant de recadrer régulièrement le contexte du développement de chacune des petites équipes qui travaillent sur un projet collectif. D'une façon plus générale, il est préférable de limiter dans le temps tout type de projet d'innovation. Les recherches effectuées par la DARPA américaine (Defense Advanced Research Projects Agency) démontrent en effet que l'on obtient une plus grande efficacité lorsque les projets d'innovation sont limités dans le temps. S'il est généralement très difficile, voire impossible, de mobiliser un expert de classe mondiale de façon permanente, il est plus aisé de lui proposer de se joindre à un projet pour un temps limité – 3 ou 6 mois ou un an, par exemple. Ainsi, pour les chercheurs Dugan et Gabriel :

> La DARPA rassemble des experts de niveau mondial issus de divers secteurs d'activité afin de travailler sur des projets pour une durée relativement courte. Les membres des équipes sont sélectionnés et dirigés par des responsables techniques sous contrat à durée déterminée, eux-mêmes particulièrement compétents dans leur domaine et possédant des qualités de leadership hors du commun. Ces projets ne sont pas des programmes de recherche à durée indéterminée. Leur intensité, leur focalisation étroite sur un sujet et leur calendrier précis les rendent attirants pour des talents de haut vol. Tandis que la nature même des défis à relever inspire des niveaux de collaboration inhabituels.

L'attrait pour chacun de ces spécialistes vient de ce qu'ils ont là l'opportunité de travailler au sein d'un groupe spécialement composé des meilleurs talents, les plus à même de résoudre l'enjeu en question. De surcroît, un projet dont la durée a été préalablement limitée pousse ses participants à donner le meilleur d'eux-mêmes, chacun sachant qu'il n'aura qu'une seule occasion de faire bonne impression et de résoudre le problème pour lequel l'équipe a été composée. Au sein des start-up du numérique, on retrouve souvent ce mode de fonctionnement qui permet de résoudre dans un délai raccourci des problèmes particulièrement difficiles.

Modèle d'innovation et culture de l'échec

L'échec est probablement l'un des caractères centraux liés aux organisations de demain. Dans les processus d'innovation incrémentale, l'échec est peu visible. Comme il s'agit d'améliorations de processus, d'une part on sait ce que l'on cherche et, d'autre part, on a une idée assez concrète des améliorations que l'on pourrait apporter comme innovation. Ce n'est pas le modèle de l'innovation de rupture. Ainsi, pour améliorer les performances d'un site d'e-commerce, dans un processus incrémental, son design serait modifié progressivement et amélioré, le nombre d'étapes permettant de finaliser l'achat serait réduit. Dans un processus de rupture, on pourrait imaginer de changer totalement l'expérience de l'utilisateur, en introduisant des navigations dynamiques, assistées en intelligence artificielle ou toute autre solution qui améliorerait de manière conséquente le processus d'origine. Les divisions R & D des entreprises sont en majorité orientées vers l'innovation incrémentale ; dans la mesure où l'on attend d'elles des taux de retour sur investissement (TRI) mesurables et positifs, la tentation est grande, face à la pression de la direction financière, d'améliorer faiblement des processus existants, avec une chance de succès évidemment plus élevée et un risque politique incomparablement plus faible que si l'on cherchait à modifier profondément les processus de l'entreprise.

Dans les processus de rupture, si l'on connaît l'objectif, on ne sait généralement pas ce que l'on cherche, c'est-à-dire que le moyen permettant d'améliorer l'objectif n'est souvent pas connu, du moins initialement. L'accès à une connaissance technique très vaste, la possibilité d'associer des compétences, des techniques et des processus à façon, permet d'ouvrir très largement le champ du possible. Pour autant, les échecs peuvent être fréquents, partiels ou même complets. Astro Teller, le Chief Innovation Officer de Google, me faisait observer que « c'est dans la façon dont nous [Google] abordons l'échec que nous nous distinguons probablement le plus des modèles traditionnels de management ». Pour Google – la société qui emploie probablement le plus grand nombre de talents dans le domaine de la technologie au monde –, limiter le potentiel de ses salariés ne peut être une option. Il est donc essentiel qu'ils n'en viennent pas à limiter leur prise de risque en cherchant à ne s'engager que sur des projets dont le succès est peu spectaculaire mais plus probable.

En réalité, la culture de l'échec s'est, au sein des grandes organisations, peu à peu perdue. Nombre d'innovations sur lesquelles repose le développement des entreprises traditionnelles ont généralement été inventées il y a plus d'un siècle. De même, leurs processus commerciaux, même s'ils sont malmenés par les acteurs du numérique, font l'objet d'adaptations uniquement limitées et effectuées dans la douleur. Si elles innovent, elles ne le font que de façon incrémentale et sont ainsi peu susceptibles de générer d'importants gains de productivité. Le modèle traditionnel, comprenant chercheurs et leaders, peut fonctionner à condition que la solution à un problème soit simple et prévisible. Mais qu'attendre de l'amélioration du moteur à explosion, sujet sur lequel des dizaines de milliers de chercheurs travaillent depuis plus de 150 ans ? Des améliorations, sans aucun doute ; mais la probabilité de réaliser une percée qui changerait vraiment la nature de ce type de moteur est presque nulle. Sans une attention particulière aux processus d'innovation, une entreprise, qui aura été très innovante au départ, s'attachera par la suite à une culture incrémentale, et témoignera d'une grande frilosité lorsqu'il s'agira de remettre en cause son cœur de métier, l'innovation qui fit initialement son succès.

Souvent, l'innovation qui est à l'origine d'une grande entreprise a été sanctuarisée, et ce qui était au départ un avantage concurrentiel est peu à peu devenu un frein, qui empêche de penser différemment. Plus souvent encore, l'innovation est cantonnée auprès d'ingénieurs de R & D ou dans un « département de l'innovation », donc d'experts du métier initial de l'entreprise qui auront bien du mal à questionner des expertises éloignées de la leur. En conséquence, la culture de l'innovation y est souvent très homogène. Il n'est donc pas étonnant que des acteurs externes, qui acceptent d'adopter une culture de l'innovation de rupture, introduisent parfois des processus très radicaux, propres à « désintermédier » brutalement des acteurs traditionnels. Dans un monde où la connaissance et les techniques sont incomparablement plus aisées à acquérir, il est probable que ce phénomène va s'accélérer : c'est une bonne nouvelle pour l'innovation, c'en est une très mauvaise pour les entreprises qui n'auront pas maintenu des processus d'innovation de classe globale.

Un constat, enfin : rares sont les entreprises qui ont engagé un travail en profondeur pour essayer de comprendre ce qui permettrait de réveiller leurs systèmes d'innovation. Cette innovation y est tellement assimilée à de la R & D technologique, et non à un processus d'ensemble tourné vers le client, qu'elle mobilise de façon disproportionnée des expertises verticales. À titre d'exemple, si vous demandez à un directeur général s'il lui est arrivé d'être à l'origine d'une innovation radicale, la réponse est rarement positive. Souvent brillants et intelligents, les individus qui occupent ce poste font à ce point partie d'un système qui réduit l'activité à un titre qu'ils trouvent normal de ne pas être à la manœuvre dans le champ innovant. Certains ont parfois modifié assez fortement la nature de l'offre, le nombre et le type des sous-traitants, les points de vente de leur entreprise, mais ils considèrent presque toujours ces sujets comme séparés du « produit » sur lequel travaillent leurs ingénieurs. Ces entreprises fonctionnent en silos et réussir à y faire émerger une vision transversale relève de la gageure.

Perspectives

Pour le dire franchement, de telles entreprises pourraient bien finir par mourir. Car le monde qui vient n'a que faire des situations de rente. Ceux qui pensent que leur expertise dans tout type de processus, qu'il soit technologique ou autre, est si élevée qu'ils sont à l'abri de la concurrence pour de longues années se trompent au plus haut point. Répétons-le : c'est de l'association d'idées que vient la dynamique d'innovation de rupture du XXIe siècle. Tout le monde peut, en théorie, s'y adonner, mais peu d'entreprises traditionnelles la pratiquent effectivement. L'innovation incrémentale, celle des ingénieurs R & D en blouse blanche, s'oppose radicalement à celle des impertinents de la génération millénium, pour qui seule la compétence est légitime. Dans une entreprise traditionnelle, les « fouteurs de m... », comme les appelait prosaïquement le directeur général d'une grande société du CAC 40, « sont généralement sanctionnés pour avoir essayé de remettre en cause les principes préexistants, alors qu'ils devraient être récompensés et mis en avant ».

Pour autant, ce n'est pas la nature des individus qui est à blâmer. Le chercheur Clayton Christensen[1] insiste sur le fait que l'innovation est avant tout un système organisationnel, qui permet aux entreprises de libérer un potentiel souvent étouffé. Le fait d'introduire des pratiques pluridisciplinaires, d'avoir une diversité culturelle, d'atteindre la parité en genre, de ne pas

1. Voir Jeff Dyer, Hal Gregersen et Clayton Christensen, *The Innovator's DNA*, Harvard Business Review Press, 2011 ; ainsi que le site www.innovatorsdna.com.

privilégier certaines formations (celle dont est issu le patron, par exemple), puis de mailler ces compétences en interne, participe à l'éclosion de dynamiques qui favorisent la créativité. L'exercice n'en reste pas moins difficile, car les organisations sont par essence conservatrices : les systèmes sont conçus afin d'optimiser leur efficacité et sont amenés à se défendre dès que l'on essaye de les modifier. En fait, ils traitent les cas généraux en niant les particularismes.

Or, l'innovation – une des fonctions essentielles des entreprises du XXIe siècle, qui évoluent dans un environnement globalisé où la concurrence est de plus en plus importante – doit être analysée exactement comme la propagation d'un virus au sein d'un système vivant. Ainsi, un processus innovant, s'il est trop intégré aux systèmes, à l'organisation traditionnelle de l'entreprise, sera comme un virus submergé par ses anticorps : anéanti avant même d'avoir réussi à contaminer l'organisme et à en modifier le biotope. *A contrario*, un processus innovant trop éloigné de l'entreprise réussira à se préserver, mais ne parviendra pas à la contaminer. Tout l'enjeu consiste donc à créer une dynamique qui permette au virus de croître, de se multiplier et de contaminer le corps principal sans être anéanti par les anticorps. Concrètement, cette technique peut consister à isoler des innovateurs au sein d'un lieu dédié pour leur permettre d'adopter des pratiques différentes, décrites plus haut : favoriser une culture propice à l'acceptation de l'échec ; limiter l'exercice dans le temps pour créer une forme d'excitation positive ; casser les silos culturels en mixant compétences, origines sociales et expériences professionnelles. Pourtant, si ces pratiques sont vertueuses, rien ne garantit qu'elles réussissent.

Car c'est dans la capacité de l'entreprise à animer des échanges réguliers et pertinents entre le corps principal et le virus que se nichera leur échec ou leur succès.

De surcroît, il faudra prévoir des programmes permettant de protéger ceux, au sein de l'entreprise, qui souhaitent mettre en œuvre des pratiques d'innovation de rupture. Dans la plupart des organisations, cette innovation est freinée par des facteurs internes : on y cherche à anéantir toute innovation qui n'est pas une amélioration des processus existants mais bien une modification profonde de ceux-ci, propre à remettre en cause le train-train quotidien. Les innovateurs radicaux seront donc traités comme des cellules cancéreuses : des éléments déviants qu'il convient d'éliminer le plus tôt possible. C'est pourquoi il importe de prévoir des programmes permettant de les protéger en les préservant de l'activité néfaste des anticorps. Et dans le cas où leur innovation ne serait finalement pas adoptée, il faut imaginer un processus qui leur permettra de réintégrer l'organisation sans qu'ils soient sanctionnés pour leur dissidence ou leur échec. Ainsi, chez Google, nombre de produits et services n'aboutissent pas. Ce que m'a confirmé le directeur des laboratoires Google X, Astro Teller :

> Chez Google, notre culture de l'innovation implique que les gens prennent des risques. Et prendre des risques implique un risque d'échec important. Nous faisons donc grandement attention à ne pas victimiser ceux qui prennent ces risques et qui rencontrent finalement l'échec. L'objectif est de faire en sorte que les gens comprennent qu'il est préférable de prendre des risques et de ne pas forcément réussir plutôt que de rester dans son coin.

Google s'attache donc à nommer à d'importantes responsabilités des initiateurs de projets qui n'aboutissent pas, sous réserve que l'échec ne leur soit évidemment pas directement imputable. Dans d'autres sociétés, comme 3M, les innovateurs bénéficient d'un programme particulier et de la garantie d'être réintégrés sans discrimination au sein de l'organisation, si leur projet d'innovation vient à ne pas aboutir. D'une façon générale, ce type de processus vise surtout à isoler les innovateurs des influences centripètes qui émergent presque immanquablement dans toute société parvenue à un stade de maturité sur ses marchés.

Au fond, l'objectif peut se résumer à ce qu'affirme, comme un mantra, le directeur du marketing de Coca-Cola : « Essayez sans cesse, essayez vite, essayez petit, échouez rapidement, et si ça marche grossissez aussi vite que vous le pouvez. » Cette maxime, qui ne vient certes pas du patron d'une start-up, s'applique parfaitement au paradigme de l'innovation de rupture propre au XXIe siècle. Ajoutons-y le bénéfice d'une plateforme qui permet de faire travailler des équipes largement pluridisciplinaires et néanmoins synchronisées, intégrons à cela une culture des data et des analytics, et nous avons presque tout ce qu'il faut pour déboucher sur des transformations d'une ampleur considérable.

Cela ne signifie évidemment pas qu'il n'y a pas de sanction individuelle lorsqu'un échec se matérialise. Certains collaborateurs ne parviennent pas à tenir les objectifs que l'on attend d'eux par incapacité managériale, parce qu'ils n'ont pas les bons processus, la bonne intuition – et il serait naïf de laisser penser que les organisations digitales ne les sanctionnent pas. Toutefois, il semble que ces sanctions soient, à la différence de ce que l'on observe dans une entreprise traditionnelle, plus facilement acceptées dans la mesure où elles correspondent à une réalité mesurée précisément. La culture des données, de la transparence, limite les effets de bord de type « petit chef ». De surcroît, dans la mesure où la plupart des projets sont généralement limités dans le temps, il ne s'agit pas à proprement parler d'une sanction, mais plutôt d'une fin de mission sans attribution d'une autre mission d'un niveau de responsabilité semblable ou supérieur.

3.

Le management d'une organisation digitale

COMMENT fonctionnent donc les modèles de management et de *reporting* au sein des organisations digitales ? Si l'on peut comprendre les dynamiques agiles, celles-ci semblent presque incompatibles avec les structures organisationnelles existant au sein des entreprises traditionnelles. Dans les grandes entreprises digitales, il est difficile d'imaginer des modèles agiles totalement structurés autour du client, sans vision ni contrôle stratégique. Concéder plus d'autonomie, certes, mais comment rendre cela compatible avec l'exploitation quotidienne des opérations ? Comment s'assurer que des projets industriels engageant parfois des dizaines de milliards d'euros ne prennent la mauvaise direction ? Si les systèmes managériaux en vigueur au sein des grandes entreprises digitales diffèrent parfois beaucoup, on ne retrouve pas moins en eux des constantes, si présentes qu'elles caractérisent presque une génération.

La culture du pitch

Il s'agit avant tout d'un trait issu de la culture américaine : l'école forme les enfants à présenter, à raconter, à conter ; elle sanctionne moins les erreurs, donne donc plus confiance en soi, ce qui ne l'exempte pas d'autres faiblesses. Ainsi, quiconque a travaillé au contact d'Américains, quiconque a participé à une conférence aux États-Unis aura pu constater l'agilité dont fait preuve ce peuple pour créer une narration appropriée à ce qu'il souhaite valoriser.

Pourquoi est-ce important ? Parce que dans un univers où tout – ou presque – reste à inventer, il est essentiel de disposer d'un processus qui permette d'envisager autant d'idées que possible. Google et Amazon, en particulier, disposent de processus de type « boîte aux lettres », qui permettent de faire remonter des idées de rupture et, le cas échéant, de venir les présenter devant Larry Page, Astro Teller ou Jeff Bezos. L'opportunité est à saisir ; être à même de l'exprimer aussi clairement que possible sera donc déterminant. La préqualification consistera souvent à être capable de passer le « test de l'ascenseur » : présenter son idée durant le temps que l'on passe avec son manager dans un ascenseur, soit une minute ou deux. Réussir ce test permet de s'assurer que l'on a une vision claire et synthétique de ce que l'on souhaite faire. Larry Page insiste régulièrement sur le fait que les mémos de synthèse d'idées qui lui sont soumis ne doivent pas excéder soixante mots, ce qui est particulièrement concis !

Si tous les collaborateurs des GAFA ne sont pas des experts en matière de présentation – et nombre d'entre eux sont réputés pour être atteints du syndrome d'Asperger, qui caractérise une certaine forme d'autisme –, il n'en est pas moins frappant de constater, lors de symposiums internationaux consacrés au numérique, combien ils ont appris à s'exprimer clairement et à valoriser les points les plus cruciaux de leurs démonstrations. Par comparaison, leurs collègues européens, et particulièrement les Français, font souvent piètre figure : si le fond est généralement pertinent, la forme est tellement peu travaillée qu'elle dilue toute capacité de conviction. Dans un monde où la prise de décision est accélérée du fait du rétrécissement des cycles d'innovation, l'investissement lié à la façon dont on doit convaincre est déterminant. Il concerne aussi bien la forme – « Veux-tu continuer à vendre de l'eau sucrée ou venir avec moi changer le monde ? » avait dit Steve Jobs à John Sculley, alors CEO de Pepsi-Cola – que le fond, dans la mesure où la qualité de l'argumentation sera renforcée par l'expertise technique, comme c'est le cas chez Google par exemple, ou par le code ou les data exposés.

« *Minimum Viable Product* »

Si « *code wins arguments* » (le code l'emporte sur les arguments) est un principe proverbial chez Facebook, c'est bien pour rappeler que les idées n'ont finalement de valeur que si elles démontrent vraiment leur validité. On sait que Mark Zuckerberg était très opposé à l'idée d'un *chat* au sein du réseau social. Toutefois, lorsqu'on lui présenta un prototype de ce qui allait devenir Messenger, il fut tellement subjugué par la qualité de celui-ci qu'immédiatement la décision fut prise d'en lancer le développement. Cela nous ramène aussi au principe suivant : le prototypage rapide est un élément clé du modèle de management digital ; l'autonomisation n'a d'intérêt que si elle permet de tester et de démontrer de nouveaux processus. L'innovation, comme l'exploitation, doit être structurée autour de cette idée. De là est né le concept du *minimum viable product* (MVP) : être capable de produire un démonstrateur ramassé sur ses fonctions les plus vitales pour prouver la valeur d'une fonctionnalité. La démonstration peut être interne, comme dans le cas de Messenger, ou externe, c'est-à-dire impliquant de vrais usagers ou clients. Sera alors évalué le taux d'usage du produit et de ses sous-fonctionnalités. C'est Reid Hoffman, le fondateur de LinkedIn, qui résumera le plus magistralement cette notion en affirmant :

> Si vous êtes fier de votre produit lorsque vous le lancez, c'est que vous l'avez lancé trop tard[1].

Éventuellement, on effectuera un test en double – ou A/B *testing*. On comparera l'attrait d'une fonctionnalité sur un service par rapport à l'usage standard. Des taux d'usage plus élevés d'un service « re-*designé* », par exemple, signifient que la nouvelle version est plus efficace. Le MVP remet donc largement en cause les principes de l'innovation traditionnelle : Steve Jobs fait partie de ceux qui auront initié ce mouvement de défiance en démontrant que les consommateurs ne savent souvent pas ce qu'ils veulent jusqu'à ce qu'on

1. « *If you're not embarrassed by the first version of your product, you've launched too late.* »

le leur propose. En lançant des produits radicalement nouveaux, il a démontré que les études de marché n'étaient pas nécessaires, mais également qu'elles avaient des effets potentiellement biaisés.

Comme nous le verrons plus loin et d'une façon plus générale, l'innovation radicale, issue du monde numérique, remet largement en cause les principes marketing tels que nous les connaissons. La culture des data et des analytics a fondamentalement modifié les processus d'innovation. L'objectif du MVP consiste à raccourcir « les boucles de réaction » : disposer d'un accès aux data, à des résultats sous forme de données aussi vite que possible. L'accès aux data permet ainsi de comprendre mieux que beaucoup de résultats d'études ce qui fonctionne et ce qui ne fonctionne pas. Dès lors, il devient possible d'améliorer le produit incomparablement plus vite que lorsque l'on devait lancer des tests clients avec des processus de type *focus group*, souvent remis en cause pour les biais qu'ils introduisent dans le processus d'innovation[1].

Si « *code wins arguments* », les data sont également un juge de paix apprécié. Des entrepreneurs comme Brin ou Bezos insistent particulièrement sur l'importance des chiffres dans leur système de management. Dans la mesure où les entreprises digitales « nagent » dans les données, il est possible de mesurer presque tout : les données sont structurantes pour développer un nouveau produit, même très éloigné de l'activité principale de la société. Et gare à celui qui utiliserait des chiffres fantaisistes lors d'une présentation ! Si ceux-ci sont trop ambitieux, il pourrait bien lui en coûter cher,

---

1. Voir à ce sujet « Estimer hier, mesurer aujourd'hui », p. 167.

plus tard, s'il ne parvient pas à les atteindre. Mais si ceux-ci ne sont pas assez ambitieux, il ne parviendra pas à convaincre et à emporter la décision.

Ainsi, lorsque Jeff Bezos a décidé de s'aventurer dans le domaine des produits frais, c'est après avoir minutieusement mesuré les temps de livraison et les risques de rupture de la chaîne du froid que cela pouvait impliquer. Lorsqu'il comprit qu'il avait atteint une taille critique qui limitait les coûts additionnels dans nombre de grandes villes, il prit la décision de se lancer. Des simulations de croissance moyenne de paniers moyens furent entreprises sur quelques villes, représentant les marchés les plus caractéristiques des consommateurs américains. C'est seulement après que les résultats furent connus que la décision fut prise d'étendre l'expérience à l'ensemble des États-Unis.

Les principes de l'A/B *testing* – comparer une expérience nouvelle à une expérience classique – restent très prisés pour emporter une décision quant à la mise en œuvre d'une nouvelle fonctionnalité. Au-delà des données, la conviction est que, au sein des processus complexes, seule l'expérimentation permet de décider en connaissance de cause. « La seule manière de savoir comment un système complexe va se comporter – après que vous l'ayez modifié – c'est de le modifier et d'observer la façon dont il se comporte », affirme George Box, l'ancien président de l'association américaine de statistiques. Il convient donc d'intégrer le principe du « *try, measure and learn* » (essayer, mesurer et apprendre) au sein de chacune des organisations : les data, les processus agiles et la transparence peuvent beaucoup à cet égard.

« *Design Thinking* »

L'une des caractéristiques de la révolution numérique est son indéniable complexité. Non seulement ses technologies ont atteint un degré de sophistication particulièrement élevé, mais les compétences nécessaires à leur mise en œuvre sont de plus en plus diverses. Quant aux systèmes qui les meuvent, ils sont eux-mêmes complexes et discontinus.

Cette complexité prend de nombreuses formes. Parfois, le logiciel au cœur d'un produit doit être intégré à un ensemble qui mêle mécanique et électronique. Tout cela doit être organisé afin que le produit reste intuitif et facile d'emploi pour l'utilisateur. Dans d'autres cas, il s'agit de processus. Par exemple, un système de santé publique doit rester simple, du point de vue de l'usager, tout en mettant en œuvre un grand nombre de compétences et de techniques. On conçoit assez aisément qu'avoir une approche par objectif fonctionnel et par discipline n'a que peu de sens par rapport à ce type d'enjeu : la seule façon élégante de traiter ces sujets consiste à partir de l'utilisateur et à recourir aux disciplines en fonction des besoins pour répondre à ces enjeux. Auparavant, lorsqu'on pensait stockage de données, cela signifiait « disque dur », soit électronique et mécanique. Aujourd'hui, penser sauvegardes de données signifie cloud, automatisation de la sauvegarde et services logiciels intégrés. Là encore, si l'on avait confié aux fabricants de disques durs la tâche de faire évoluer leur produit, ils auraient sans doute proposé des disques plus performants, plus petits, plus rapides ; ils n'auraient probablement pas fait appel à la pensée de rupture car ils auraient continué à réfléchir dans leur spectre d'expertise. Et si quelqu'un avait réussi à lancer le projet d'un disque dur « virtualisé », il est probable qu'il n'aurait pas eu assez de moyens pour le mener jusqu'à ce qu'il cannibalise les activités principales.

La pensée par l'utilisateur est donc une nécessité qui seule permet d'enjamber les limitations induites par le modèle d'organisation en silo des entreprises. Cette pensée a plusieurs caractéristiques fortes. Tout d'abord, elle s'autostimule par le prototype. Autant que faire se peut, elle génère ses *minimum viable products* pour parvenir à induire du retour d'expérience (et, nous le verrons plus loin, la mise en œuvre d'analytics). Un processus de conception peut ainsi induire des centaines de prototypes. Il n'est d'ailleurs pas rare qu'un service Internet soit longtemps labellisé bêta, ce qui invite les utilisateurs à contribuer à la correction des imperfections et, dans certains cas, justifie de nombreuses mises à jour de logiciels ou d'apps. Mais là où la pensée *design* se différencie, c'est dans sa capacité à prendre en compte la nature subjective et émotionnelle des utilisateurs. Les produits les mieux réussis sont ceux qui intègrent les enjeux psychocognitifs de la nature humaine.

Très tôt, Steve Jobs a tenu à introduire le *design* au sein de ses produits, car il était conscient que cette dimension serait essentielle pour convertir des non-spécialistes à l'informatique. Il avait perçu combien l'incapacité des fabricants d'ordinateurs à se tourner vers l'utilisateur pourrait devenir sa principale force. Il n'est d'ailleurs pas rare que l'on justifie la régulation d'un secteur (le monde des opérateurs de scanners médicaux, par exemple) par l'apparente complexité d'appareils ou de processus qui n'ont jamais été pensés pour l'utilisateur. Cette part émotionnelle des produits et services passe par des détails qui justifient des formes ou des couleurs ; ainsi des processus – de navigation, par exemple – qui requièrent avant toute chose une approche intuitive et guidée par l'observation. Finalement, l'approche par le *total design* s'accorde avec ce que l'on observe en matière de modèle de management en vigueur au sein de l'entreprise digitale : pluridisciplinarité et donc faible présence des silos, utilisateur au centre du processus d'innovation, prototype, expérience et feed-back. Les résultats de ce type d'approche semblent tout sauf anecdotiques : une étude du Design Management Institute[1] démontre que sur dix ans, les entreprises qui ont adopté une approche de *design* total ont une valorisation boursière supérieure de 219 % aux autres. Elles enregistrent une croissance plus forte de leur chiffre d'affaires et des marges plus importantes.

Manager par les analytics

C'est peu dire que la culture des analytics est largement répandue au sein des organisations digitales : en réalité, ces tableaux de bord de nouvelle génération – des *dashboards*, lorsqu'ils sont présentés sous forme graphique mettant en œuvre des courbes et autres types de visuels synthétiques – sont très rapidement devenus centraux, tant leur potentiel de

---

1. Voir, sur le site www.dmi.org, l'article « Good Design drives shareholder's value ».

communication est important. Au sein de ces nouvelles catégories d'entreprises, l'information semble beaucoup plus simple d'accès, démocratisée ; la visibilité et les échanges constituent la règle, et le modèle hiérarchique n'arrive qu'au second plan, asservi à la mission même de l'entreprise et à la réalité brute des chiffres issus des analytics.

Les analytics, désormais connectés à la plateforme numérique, permettent de connaître l'état de l'activité en temps réel. Ils permettent également de comparer des chiffres distants : le trafic des investissements média par rapport à l'état des stocks. Ils ouvrent donc à une compréhension holistique de l'entreprise, du recrutement des clients sur des réseaux sociaux jusqu'à la mise en œuvre de la garantie et de l'utilisation des services après-vente, en passant par le système de vente. Les analytics aident ainsi à construire l'historique du client et de ses parcours au sein des services de l'entreprise.

La grande différence entre les analytics d'ancienne génération et ceux que l'on rencontre dans les organisations digitales, c'est la souplesse avec laquelle ces derniers sont mis en œuvre ; les API (*Application Protocol Interface*), dont nous parlerons plus loin, n'y sont pas pour rien. Chaque équipe, aussi petite soit-elle, sait qu'elle sera évaluée avant tout sur des indicateurs tangibles, généralement liés à des éléments de trafic, mais pas uniquement. Souvent, un nouveau projet n'est lancé que lorsque des indicateurs clés de la mesure de la performance – *key performance indicators* ou KPI – sont identifiés et validés, ce qui se révèle parfois compliqué lorsque le projet est éloigné du cœur de métier. Ceux-ci seront régulièrement évalués et permettront de réagir très rapidement si un dérapage par rapport aux objectifs venait à poindre. Les analytics sont au cœur des boucles de feed-back évoquées plus haut. En étant disponibles le plus souvent en temps réel, ils permettent, dès que le *minimum viable product* est opérationnel, de s'assurer que celui-ci suit la trajectoire prévue – et de réagir si ce n'est pas le cas.

Enfin, les analytics participent de l'esprit de transparence qui règne au sein des organisations digitales. Non seulement ils font le *reporting* d'une situation, mais ils sont également de bons outils de communication : chacun sait que, *a priori*, une courbe qui monte est généralement préférable à une courbe qui descend. Si l'on superpose à cela un autre indicateur complémentaire et corrélé, la communication reste simple et efficace. En fonction du message que l'on souhaite faire passer, on utilisera des visualisations différentes : des cartes de chaleur, pour représenter géographiquement la localisation des usagers d'une plateforme ; des « *pies* » ou camemberts, pour exprimer des parts de marché relatives, etc. Ces indicateurs pourront être partagés et parfois publiés sur un écran qui se trouvera dans le hall d'accueil de l'entreprise en fonction de leur degré d'importance collective.

Les *dashboards*[1] peuvent ainsi valoriser des KPI liés à l'hyperstructure de l'entreprise. On parlera alors de *dashboard corporate*. Ils valorisent des indicateurs tels que le chiffre d'affaires, le nombre de clients, la marche, etc. Ils ne doivent pas varier, afin de permettre la comparaison avec l'année n-1 ou sur des périodes de

---

1. La mise en œuvre de *dashboards* est l'objet de Captaindash, société que j'ai cofondée il y a quelques années.

temps long. Des *dashboards* liés à des projets peuvent avoir des KPI plus souples, aménagés en fonction de l'évolution du projet.

Dans ce domaine, il importe de ne pas trop penser en termes d'objectifs classiques. Les entreprises les plus performantes, comme Google, mettent en avant les notions d'OKR *(objective and key results)* ou encore de KSO *(key strategic objectives)* ; il s'agit d'indicateurs destinés à remplacer les objectifs traditionnels de l'entreprise et liés davantage à des objectifs portant sur des échelles longues. Est-ce que l'objection la plus souvent entendue à l'égard de l'entreprise évolue dans le bon sens ? Le temps moyen passé à effectuer une commande depuis une application mobile est-il en réduction par rapport à un site Web ? Ces éléments peuvent sembler anecdotiques, mais lorsque l'on prend en considération leur importance dans le monde des start-up, on comprend qu'ils sont centraux. Si les entreprises de la Silicon Valley peuvent afficher des modes de travail en apparence aussi détendus, c'est que leurs objectifs ultimes sont parfaitement définis et que la façon qu'ont les équipes d'y concourir est clairement comprise et mesurée à sa juste valeur. Dès lors, les logiques de petits chefs tendent à s'effacer et les logiques de moyens (combien de temps j'y passe ?) deviennent secondaires par rapport aux objectifs (ai-je résolu la problématique qui m'était posée ?).

Une règle s'impose cependant, lorsque l'on entraîne les collaborateurs dans cette démarche : il est nécessaire de les projeter dans le futur, de dessiner clairement les perspectives, aussi bien en termes d'offre, de modèle d'affaires, qu'en termes organisationnels.

Sur ce plan, les données peuvent, plus que beaucoup d'autres initiatives, réaliser des miracles. Des équipes de R & D peuvent accéder en temps réel aux données d'exploitation des produits commercialisés ; des RH peuvent corréler les ventes avec l'impact d'un nouveau module de formation sur la fonction commerciale ; des agences commerciales peuvent se comparer les unes aux autres jusqu'aux moindres détails et adopter les pratiques les plus efficaces. Voici quelques-unes des incidences que les data peuvent avoir sur une organisation.

Récupérer ces données au sein d'organisations traditionnelles est souvent difficile : celles-ci sont souvent enfermées au sein d'ERP, de systèmes propriétaires, et manquent de continuité, dans le temps ou dans l'espace. C'est là que l'apport des technologies de Big Data permettra de recréer des univers de données cohérents et utilisables. Des données qui n'étaient que peu exploitées pourront alors retrouver vélocité, rapidité, et créer de nouvelles formes d'intelligences au sein des organisations.

C'est en étant élégant et simple qu'un *dashboard* rend hommage aux data. Il les rend compréhensibles, belles et performantes. Au-delà du côté glamour de cette proposition, c'est une toute nouvelle expérience centrée sur l'utilisateur des data qui se dessine. Les data doivent être accessibles simplement et interprétables. Une part importante du challenge se logera dans ce simple détail : une donnée, si elle en dit beaucoup sur une pratique, n'est souvent compréhensible que par un petit lot d'initiés. La complexité d'accès et d'interprétation a trop longtemps justifié l'apport de « sachants », prétexte pratique pour préserver le pouvoir au sein d'un petit cercle.

Mais permettre à cette donnée d'être compréhensible par le plus grand nombre revient à renverser totalement la pyramide des pouvoirs[1] : on aboutit à une expérience basée sur la connaissance et non plus sur la complexité, fondée sur le plaisir et non plus sur la crainte. Cette vision crée la valeur, tout simplement parce qu'elle permet de ne plus perdre de temps dans l'interprétation, mais de le réserver à l'action positive pour muscler son retour sur investissement et se développer.

Cependant, faire élégant et performant à la fois n'est pas aussi simple qu'il y paraît : il nous faut comprendre les enjeux liant *design, user experience* et *business*. Que l'on parle de suivi de lancement d'offres, d'analyse des réseaux sociaux, de *brand advocacy*, de gestion de la relation client, tout cela relève des enjeux de complexité que maîtrisent particulièrement les organisations digitales.

Contrôle et modèle de management

Si l'on peut assez aisément concevoir qu'un modèle agile puisse fonctionner à petite échelle, la première objection que l'on pourrait faire à son application au sein des entreprises traditionnelles concerne la difficulté qu'il aurait à s'appliquer à des unités de grande

---

1. C'est pourquoi, dans le livre de Salim Ismail, *Exponential Organizations*, évoqué plus haut, les KSO et l'expérience utilisateur sont si régulièrement mis à l'honneur comme des outils capables de retourner la pyramide hiérarchique.

taille. L'autonomisation d'équipes agiles décentralisées s'oppose en apparence à la coordination de grands groupes industriels ou de services.

Toutefois, on peut observer que l'armée américaine – organisation particulièrement dirigiste – a été l'une des premières à changer de modèle de management et à introduire la décentralisation à large échelle. Ainsi, les systèmes militaires ne cessent de s'interroger sur leurs modèles de management. De ceux-ci dépend le succès ou l'échec d'une bataille, parfois d'une guerre. Qu'un système soit trop centralisé face à un ennemi au système très décentralisé, et une déroute est possible. Qu'un système ne soit pas parfaitement coordonné lors d'une offensive, et c'est l'ennemi qui prend l'avantage, quand bien même il serait en situation d'infériorité numérique.

Dans son livre *Team of Teams*, le général Stanley McChrystal rapporte comment il lui est devenu indispensable de modifier profondément la chaîne de commandement lorsque, opérant en Irak dans les années 2002-2008, il est apparu que son armée ne faisait plus une guerre conventionnelle face à une armée traditionnelle, mais s'opposait à une guérilla structurée en une multitude de milices[1]. Face à des stratégies d'attaque particulièrement variées, il était nécessaire de concéder une autonomie beaucoup plus large qu'auparavant aux unités militaires. En contrepartie, il introduisit un niveau de coordination plus important au moyen d'un partage plus ouvert de l'information. Cette stratégie a marqué un tournant

1. Voir Stanley McChrystal, *Team of Teams. New Rules of Engagement for a Complex World*, Portfolio, 2015.

dans la guerre irakienne et a permis de réduire significativement les pertes américaines, qui étaient alors quotidiennes.

Le général Stanley McChrystal est souvent cité en référence dans le monde du digital, tant ses principes fondamentaux résument efficacement le paradigme du management digital à grande échelle. Il décrit son modèle comme un « réseau d'équipes, avec un haut degré d'autonomie, un niveau élevé de communication, des systèmes de *reporting* précis et synthétiques » et articule ce principe autour de quelques notions fortes :

- transformez vos collaborateurs en clients de votre produit, afin qu'ils construisent à vos côtés, avec l'aide d'experts dans leurs domaines ;
- donnez de l'autonomie aux équipes et faites en sorte qu'elles définissent elles-mêmes leurs objectifs en fonction de l'objectif stratégique général, soit un renversement par rapport au modèle classique ;
- supprimez les silos et remplacez-les par un *hub* central de coordination qui se préoccupe principalement de s'assurer que l'information est bien transmise et comprise ;
- organisez vos équipes autour des notions de mission, produit, marché, besoins clients plutôt qu'autour de périmètres de business. Mettez-y des compétences variées pour remplir cet objectif, si besoin est. Il faut penser en termes de service intégré ;
- incitez les équipes à travailler entre elles, à créer des fonctions de *liaison officer* si nécessaire. Créez des incitations qui favorisent la collaboration, tels des hackathons internes entre équipes, par exemple ;

- faites comprendre que les équipes sont flexibles et que leurs membres peuvent passer de l'une à l'autre si nécessaire. Que les équipes peuvent aisément disparaître et être refondues dès qu'un projet est abouti ;
- oubliez les titres génériques de type « ingénieur électronicien » que vous remplacerez par un titre fonctionnel, « expert en télécommunication sur terrain difficile », par exemple ;
- supprimez les fonctions d'encadrement et les managers, soit en les intégrant aux équipes projet, soit en les occupant à des fonctions de coordination : stratégie, communication entre équipes, gestion de planning, ou toute autre fonction support.

Voilà un modèle qui diffère fortement de ce que l'on observe au sein des entreprises traditionnelles. La *Stanford Social Innovation Review* le dénomme « hybride » dans la mesure où il conserve une fonction centrale, mais l'affecte à des fonctions de coordination, de communication, de planning et de vision stratégique et non plus à des fonctions de management au sens classique d'« attribution de tâche ».

Ce modèle est désormais possible du fait de la capacité des outils numériques à nous offrir une puissance informative incomparable à celle dont nous disposions il y a seulement quelques années. Le général Stanley McChrystal insiste d'ailleurs sur l'importance de disposer d'informations synthétiques et de ne pas encombrer inutilement les soldats avec des données dont ils n'ont pas nécessairement besoin. La datavisualisation se révèle ainsi un outil précieux pour savoir avec précision où se trouvent les belligérants, quelles sont les caractéristiques du terrain, la météo, etc. Il en est de même dans les organisations digitales : connaître en un coup d'œil les spécifications clés d'un projet permet de se concentrer sur l'essentiel et de limiter le temps consacré à la compréhension des enjeux.

Le modèle McChrystal, repris au sein de nombreuses start-up et grandes entreprises digitales, est évidemment à adapter en fonction de chaque organisation. Dans ses principes, cependant – grande autonomie des équipes, fonctions de management remplacées par des fonctions stratégiques et de coordination, outils d'information synthétiques –, il semble emblématique du modèle de management qui vient. Dès à présent, de grands cabinets de conseil en stratégie s'en inspirent pour créer leurs propres méthodologies de transformation digitale.

Bien entendu, aucun modèle n'est transposable tel quel dans une organisation. La prise en compte des caractéristiques du métier et de la culture d'entreprise est fondamentale. De surcroît, le modèle organisationnel ne sera pas le même dans toute l'entreprise. Les modes décentralisés semblent plus adaptés aux environnements à fort niveau d'incertitude : la guerre, dans le cas de McChrystal ; l'innovation, dans le cas des start-up. Lorsque l'on s'éloigne des champs d'incertitude, de la nouveauté à l'utilité, les modèles de management de projet doivent probablement être plus en mode *command and control* qu'ailleurs[1].

Si les modèles d'entreprises digitales ne sont pas homogènes, il ne s'y est pas moins développé un certain nombre de pratiques qui sont devenues presque

1. On pourra alors recourir à des pratiques plus traditionnelles de type PRINCE2, TQM, ISO9000, XP, etc.

systématiques. Il s'agit d'ailleurs souvent d'outils qui complètent l'horizontalité de l'entreprise. Slack, par exemple, une application de *chat* et de partage d'informations particulièrement intuitive, est devenue quasi incontournable dans l'univers de la programmation ; la légende voudrait que certains développeurs refusent de travailler dans une entreprise qui n'en aurait pas généralisé l'usage, au moins au sein de ses équipes de codeurs.

Dans le même esprit, des plateformes comme Stack Overflow ou GitHub sont jugées indispensables aussi bien pour développer du code que pour recruter. La note que les développeurs peuvent s'y attribuer est souvent plus importante que toute mention qu'ils pourraient indiquer dans leurs CV. GitHub affirme être la plus grande bibliothèque de code open source avec, en 2016, 14 millions d'utilisateurs et 35 millions de projets.

La tendance au *Global People Survey* se développe aussi fortement au sein des entreprises digitales. Il s'agit d'un processus d'évaluation permanente des collaborateurs, généralement via une app dédiée. L'évaluation ne concerne pas que les subalternes ou équivalents hiérarchiques, mais bien l'ensemble des collaborateurs, y compris les managers. Plusieurs start-up comme Flashbrand ou Supermood ont développé des outils permettant des feed-back et remontées d'informations régulières. On peut concevoir les déviances possibles de ce type de modèle – il conviendrait de plaire à tout prix, au détriment de la réalisation effective du projet auquel l'on est assujetti –, même si des entreprises comme Apple ou Accenture semblent l'avoir largement diffusé. D'une façon générale, les principes d'horizontalisation introduisent, de façon inhérente, un niveau de transparence et de collaboration tel que l'incompétence ou la déficience de compétence devient beaucoup plus difficile à cacher qu'au sein d'une entreprise traditionnelle. C'est pourquoi les dispositifs de formation continue y ont une importance toute particulière.

De la culture d'entreprise

Maintenir une culture d'entreprise cohérente au sein de structures par essence très autonomisées n'est pas simple. Cela se complique encore lorsque les codeurs – souvent introvertis, rebelles à l'autorité, valorisant plus que tout leur capacité d'initiative – représentent la majorité du personnel. Au risque de brusquer ceux qui croient profondément dans le modèle sans hiérarchie, il semble nécessaire de réaffirmer l'importance de l'impulsion managériale pour réussir la transformation digitale. La capacité du management à assumer des choix difficiles sera consubstantielle au succès ou à l'échec de cette transformation. C'est d'ailleurs sur ce récif que vient se briser la meilleure volonté des dirigeants des entreprises traditionnelles. Récemment, le directeur général d'un grand groupe du CAC 40 m'a demandé ce qui, à mes yeux, était le plus à même d'accélérer la transition digitale du groupe. Je lui ai répondu que s'il installait son bureau au sein d'un *open-space* consacré à la transformation digitale, il donnerait certainement un signal fort et faciliterait les changements de comportement de l'ensemble du management intermédiaire. Il éclata de rire... témoignant ainsi de l'abîme qui existe entre la culture des entreprises digitales et celle des entreprises traditionnelles. Plus encore, c'est le mode de management de type « continental européen » qui se trahit dans cette attitude. En effet, dans de nombreuses entreprises anglo-saxonnes, il est de coutume que la porte du bureau du directeur général reste ouverte et ne soit fermée que lors de conversations sensibles, liées à un licenciement par exemple. L'idée même qu'un directeur général ne puisse avoir une interaction avec des niveaux hiérarchiques qui ne lui reportent pas reste encore – même si cela a tendance à disparaître – une pratique en vogue au sein des entreprises européennes continentales.

Dans les organisations digitales, le directeur général doit trouver une place différente. Sa proximité avec les départements liés à la conception de nouveaux produits doit être forte. Observez le développement des start-up les plus emblématiques : la plupart du temps, le CEO y montre un intérêt particulier pour les processus d'innovation. C'est évidemment vrai d'Apple, de Google, d'Amazon ou de Facebook. Ça l'est également de Netflix, d'Airbnb, de Tesla, d'Uber, ou encore de Baidu, d'Alibaba, de Tencent et de Xiaomi. Dans chacune de ces entreprises, sans exception, le CEO consacre une part significative de son temps au processus d'innovation et à son interaction avec la stratégie de l'entreprise. Cette attitude participe évidemment beaucoup de la culture d'entreprise. Cependant, les modèles d'innovation ne sont pas uniformes, tant s'en faut, au sein de ces sociétés. Chez Apple, la culture du design et de l'expérience client est exacerbée. Chez Google, une importance toute particulière est accordée à la culture de l'ingénieur et du test ; les conversations ne doivent pas y être freinées par une faible maîtrise technique ou scientifique. Facebook et Amazon favorisent la « boîte à idées » et la pluridisciplinarité. Et nombreuses sont les recrues de niveau subalterne qui s'y sont retrouvées dans le bureau du CEO pour défendre une idée qu'elles n'auraient pas même imaginé pouvoir évoquer ailleurs. Tout cela y crée un esprit d'émulation très fort qui se communique à l'ensemble de l'organisation.

L'innovation est donc un facteur central de l'entreprise digitale et un élément important de la culture d'entreprise. C'est une rupture qui nécessite de pouvoir se projeter dans l'incertain. Il faut accepter de rêver ensemble. En fin de compte, la rupture radicale que représente l'innovation, si elle est portée de façon globale par une entreprise, ne peut se faire sans la vision d'un dirigeant qui impulse ces changements managériaux. Les entreprises françaises ont la méthode, il ne manque que l'audace pour innover.

Communiquer, partager

Des outils complémentaires peuvent également être mis en place. Ainsi, beaucoup de CEO s'adressent régulièrement à l'ensemble de leurs salariés – ou, à défaut, à leur *middle management* – pour leur communiquer les inflexions de la stratégie d'entreprise. Des valeurs fondamentales sont exprimées par le biais de messages que l'on retrouvera dans des applications collaboratives de type Slack ou dans des formations au code. Facebook dispose par exemple des affiches un peu partout dans l'entreprise, rappelant ses principes essentiels : « *Collaborating is planning* », « *Done is better than perfect*[1] », etc.

La transparence y est généralement poussée à un niveau rarement atteint ailleurs. Si ce n'est pas vrai pour toutes les organisations (Amazon, Apple et Google sont considérés à bien des égards comme ayant une culture du secret qui frise la paranoïa), Facebook ou Airbnb ont des modes de collaboration très ouverts. Facebook va jusqu'à publier en open source tous ses travaux de R & D, tandis que chez Airbnb, presque tous les projets sont ouverts et accessibles à l'ensemble des collaborateurs. Plus les entreprises deviennent des plateformes et moins la cristallisation de leur valeur s'exprime en enjeux de propriété industrielle.

Des choix technologiques ou industriels peuvent avoir une grande influence sur la culture de l'entreprise : Apple, en décidant de participer au mouvement de *reshoring*, c'est-à-dire à la réindustrialisation par la mise en place d'usines aux États-Unis, massivement robotisées, a certainement renforcé sa culture d'entreprise autour de la verticalisation de la valeur, du design industriel et du sens du détail. Facebook, en choisissant d'investir le champ de la réalité virtuelle, va certainement infléchir son futur : les expertises qu'il va produire, les imaginaires qu'il va développer vont sensiblement modifier sa trajectoire. Le raccourcissement des cycles d'innovations modifiera de plus en plus les modèles d'affaires, les processus, mais également la culture d'entreprise. L'enjeu pour les managers sera

---

1. « Collaborer, c'est planifier » ; « ce qui est fait est mieux que ce qui est parfait ».

donc de mettre en œuvre de nouvelles compétences, soit en adjoignant habilement de nouvelles équipes à celles qui préexistent, soit en disposant d'outils de formation du personnel adaptés ; tout cela avec suffisamment de doigté pour faire évoluer en douceur la culture d'entreprise.

Maintenir le capital humain

On peut raisonnablement admettre que les enjeux de formation n'ont pas encore été traités de façon assez attentive, aussi bien au niveau des organisations digitales que des entreprises traditionnelles. À l'échelle de l'Europe, la Commission parle d'ailleurs d'une distorsion historique sur le marché du travail. D'ici 2020 (c'est demain), il pourrait manquer 800 000 compétences essentielles[1]. Autant de positions qui ne seront prises par personne, et qui représentent surtout un manque crucial d'expertises pour faire muter notre continent dans l'économie du XXIe siècle. Nous formons environ 500 *data-scientists* en France, là où la demande du marché serait plutôt de 5 000 à 10 000[2]. Le constat n'est pas nouveau, mais l'incapacité des responsables politiques et des systèmes éducatifs à comprendre le paradigme numérique explique probablement cette cécité. Chacun d'entre nous a déjà entendu des affirmations du genre : « 50 % des métiers qui seront pratiqués dans une décennie n'existent pas

1. Source : Andrus Ansip, vice-président de la Commission européenne, avril 2015 (voir son discours sur le site www.europa.eu).
2. Source : Quantmetry, avril 2015.

encore. » Mais cet avertissement ne semble pas s'être traduit en actes, afin de pouvoir affronter un monde caractérisé par le raccourcissement des cycles d'innovations, ce qui supposerait une adaptation accrue du capital humain.

Une fois n'est pas coutume : il est difficile, sur ce point, de prendre exemple sur les GAFA. Ces entreprises recrutent des individus représentant le meilleur de ce qu'est capable de produire chaque génération, aussi bien en termes de qualité personnelle que de compétences sanctionnées par des diplômes. Dans la mesure où le taux d'utilisation et d'achèvement des Mooc par les individus fortement diplômés est sensiblement supérieur à ceux qui le sont moins, le comportement des collaborateurs des GAFA n'a probablement que peu à voir avec ce qui se passe dans des entreprises plus traditionnelles. La transposition de leurs méthodes n'aurait donc, ici, pas de sens. De plus, la majorité des entreprises de la Silicon Valley a été fondée au cours des dix dernières années. Leurs collaborateurs sont donc jeunes, récemment formés, et ne nécessitent pas de mise à niveau de leurs compétences, contrairement à d'autres sociétés plus anciennes du monde informatique, telles qu'IBM ou Capgemini.

Former massivement à un coût raisonnable reste cependant loin d'être évident. Au sein des grandes entreprises européennes, les directions des ressources humaines semblent dépourvues lorsqu'elles évoquent avec un certain fatalisme la nécessité de former l'ensemble de leurs collaborateurs au digital et aux modèles de management qu'il induit. Pourtant, et je ne cesse de le répéter : l'enjeu de la formation est essentiel, tant pour les entreprises traditionnelles que, bientôt, pour les sociétés digitales. Au sein de ces dernières règne trop souvent la certitude qu'elles sont meilleures que les entreprises traditionnelles : la maîtrise de compétences spécifiques au paradigme digital y pousse à un excès de confiance en soi qui aboutit trop souvent à une absence de stratégie en matière de formation, particulièrement en matière de formation au management. Ce qui peut conduire à de cruelles désillusions, notamment s'il est nécessaire de revoir la stratégie et de mettre au jour des zones de manque de compétences, chacun les croyant détenues par l'autre. Travaillant depuis vingt-cinq ans dans l'univers des start-up, ce type de désagrément m'est arrivé plus d'une fois, par exemple lorsqu'il s'agissait d'utiliser un nouveau langage, considéré pourtant comme générique, mais qui n'était maîtrisé par personne.

Aujourd'hui, il est raisonnable d'admettre que toutes les entreprises vont devoir « monter en gamme » leurs collaborateurs. Du fait de la mondialisation, une petite entreprise de services informatiques de province, qui se croit protégée par la proximité qu'elle cultive avec ses clients, peut se retrouver exposée à une concurrence soudaine, issue d'offres en cloud par exemple. Un cabinet comptable, un bureau de certification, un agent d'assurances, un traducteur... et maints autres métiers peuvent être confrontés à des situations de désintermédiation, faute d'avoir pu (ou su) monter en compétences. Au sein des grandes entreprises, l'enjeu est de parvenir à agir à la fois sur la culture d'entreprise et sur le niveau d'expertise des collaborateurs. Jusqu'à présent, les sujets de formation étaient limités par l'évolution incrémentale des expertises liée à chaque métier : un tourneur-fraiseur a dû se former dans les années 1990 aux fraiseuses à pilotage numérique ; un comptable, apprendre le maniement d'outils de micro-informatique. Pour chacun, ce fut là une évolution majeure, et probablement la plus importante qu'ils ont rencontrée dans leur carrière.

Mais nous vivons dans un univers où des chocs de cette ampleur peuvent se produire plusieurs fois dans une seule vie professionnelle. J'évoque plus loin les bouleversements que le numérique induit chez mon dentiste. En l'espace de quelques années, c'est l'ensemble de sa façon de travailler qui sera totalement modifiée : ses processus de prise de rendez-vous, de gestion comptable, de relation avec son prothésiste, et ainsi de suite. De la plus petite à la plus grande entreprise, la capacité à former efficacement les collaborateurs – et cela de façon régulière – sera déterminante. Il en va de même des nations : celles qui parviendront à former efficacement leurs membres seront celles qui réussiront demain.

Mais quel modèle adopter ? Les quelques entreprises qui ont mis en place des formations exclusivement virtuelles admettent être confrontées à des niveaux d'usages très faibles. Récemment encore, un membre de la direction des ressources humaines d'une des plus grandes entreprises du CAC 40 me faisait part de sa satisfaction d'être parvenu à former 5 000 collaborateurs avec un Mooc dédié. Il n'en était pas moins conscient qu'il lui restait à convaincre près de 180 000 collaborateurs de suivre le même chemin ! De surcroît, les offres exclusivement virtuelles ont parfois des « niveaux d'impression » assez faibles : le collaborateur a une bonne mémoire de ce qu'il vient d'apprendre et répond convenablement aux questions du test qui s'ensuit, mais lorsque les cas évoqués se présentent concrètement, on constate souvent qu'il est incapable de mettre en œuvre ses connaissances.

Les modèles de formation exclusivement « présentiels » ne sont guère plus enviables. Ceux-ci sont généralement jugés très coûteux et désuets. De plus, les collaborateurs disparaissent de l'entreprise durant la formation ; ils doivent parfois être déplacés sur de longues distances et logés des semaines durant. Et il faut rémunérer des formateurs-experts.

Par ailleurs, à l'échelle des grandes entreprises, initier des formations sur 1 ou 2 % du temps des salariés implique rapidement des budgets qui se chiffrent en dizaines de millions d'euros, si ce n'est plus. Si certaines se sont donné des moyens de cette ampleur, la majorité n'a pas pu lancer de tels programmes. Et pour celles qui ont fait ces investissements, les résultats sont généralement décevants, car difficiles à transcrire en retour sur investissement. Il est vrai que le fait d'isoler un collaborateur quelques dizaines de jours au cours de l'année ne garantit pas une montée en compétence qui pourrait être comparable à un grade officiel de formation supérieure.

Cisco, le leader mondial des équipements de réseau, fait ainsi figure d'exception dans le domaine de la formation professionnelle. Confrontée à des besoins en compétences que les formations traditionnelles ne parvenaient pas à pourvoir, cette entreprise a pris le parti de créer ses propres formations[1]. À ce jour, plus d'un million de personnes ont reçu une certification reconnue par Cisco dans l'un des nombreux

---

1. Voir l'article de Wikipédia, « Cisco Career Certifications ».

thèmes qu'elle couvre : stockage de données, sécurité, organisation de *data centers*, architecture de cloud, etc. (compétences évidemment liées au métier de Cisco). Ces formations sont distribuées en quatre niveaux. La plus exigeante, le CCIE, n'a été obtenue que par 19 134 personnes[1] depuis qu'elle a été créée en 1993. Cette qualification est considérée par l'industrie des télécommunications comme une forme de « doctorat des réseaux » et permet d'atteindre des niveaux de responsabilité et de salaires remarquablement élevés dans le secteur informatique. Les autres formations Cisco, moins exigeantes, n'en sont pas moins reconnues partout dans le monde pour le sérieux et le niveau de compétence qu'elles impliquent.

La caractéristique de ces formations est de disposer d'une part très significative de modules virtualisés, tout en laissant place à un certain pragmatisme. Il est ainsi possible de moduler la plupart des formations en fonction de ses contraintes personnelles et de pouvoir effectuer des formations soit en mode présentiel, soit en mode virtualisé, soit les deux. La nature même des formations facilite évidemment les formations virtualisées, les étudiants pouvant par exemple expérimenter la configuration d'un routeur de façon virtuelle – sur leur ordinateur personnel – ou configurer des machines virtuelles de la même façon.

Observons que c'est son cœur de métier que Cisco a finalement appliqué à l'univers de la formation : considérant que personne d'autre qu'elle-même ne pouvait créer les expertises adéquates, la société a entrepris de créer les cours appropriés. En vingt-cinq ans, elle a

---

1. En juillet 2016.

progressivement amélioré la qualité de ses cours et s'est peu à peu éloignée de ses formations génériques de programmation de routeurs. Cisco a donc fait preuve d'un grand pragmatisme et d'une analyse systématique de ce qui fonctionnait et de ce qui ne fonctionnait pas. Si les formations étaient au départ intégrées, elles furent progressivement déléguées à des partenaires certifiés et régulièrement évalués. L'expérience utilisateur des plateformes digitales a été largement repensée, au fur et à mesure du développement des possibilités techniques ainsi que de l'étude des *learning analytics* révélant le comportement des étudiants.

Plusieurs enseignements sont à tirer du cas Cisco, qui constituent autant de recommandations stratégiques pour les directions des ressources humaines de demain. Au préalable, les formations qui pourraient être développées en interne devraient, en priorité, concerner le cœur de métier de l'entreprise : un assureur ne trouverait probablement que peu de profit à développer des systèmes de formation concernant la programmation de routeurs ou les compétences en comptabilité. En revanche, des formations permettant de faire une évaluation convenable des coûts d'un sinistre auraient probablement plus de sens. Toutefois, dans un univers où les contenus pédagogiques sont en expansion continue, il est nécessaire de s'assurer, avant tout investissement dans des développements de contenus, qu'il n'existe pas déjà en ligne une offre de formation qualitative. Car c'est davantage dans la capacité à accompagner ses collaborateurs et partenaires que dans le fait de produire les contenus de formation qu'une entreprise pourra se différencier. L'expertise des ressources humaines d'une entreprise pourrait bien un jour se situer dans le fait d'être à même d'identifier les meilleures ressources appliquées à ses besoins et de les promouvoir auprès de ses collaborateurs.

Un autre enseignement concerne le modèle même de développement de Cisco : les formations sont en priorité proposées à des individus situés en dehors de l'entreprise. Cisco semble avoir cherché – longtemps avant l'émergence du débat sur le travail en free-lance, cristallisé autour d'Uber – à créer un réseau de partenaires qui possèdent une compétence l'intéressant en premier lieu. Le « deal » n'en est pas moins d'offrir une valeur de formation qui reste liquide sur le marché et qui permet éventuellement à ses bénéficiaires d'aller travailler pour les concurrents – Lucent, Huawei, etc. – le cas échéant. L'idée de plateforme que nous évoquerons plus loin commence ici : disposer d'un cœur de valeur technologique, organisé en plateforme et interagissant de multiples façons avec un écosystème de partenaires externes que l'on fidélise par un échange à forte valeur ajoutée.

Enfin, Cisco a réussi, en se concentrant sur son cœur de valeur, à résoudre l'enjeu de la certification. Pour que les postulants à la formation acceptent de se lancer dans un investissement personnel très lourd, il est nécessaire qu'ils aient l'assurance d'accéder à une certification reconnue. Les sociétés les plus emblématiques de demain pourraient bien être celles qui réussiront à devenir une référence dans leurs domaines d'excellence par l'agrégation de partenaires qu'elles seront aussi capables de former.

En interne, les enjeux de formation n'en restent pas moins importants. Le modèle actuel, qui consiste à prendre le temps de la formation exclusivement sur le temps de travail et qui recourt largement au présentiel, pourrait néanmoins ne pas perdurer face aux besoins de montée en compétence dus à la révolution digitale. Si les réflexions normatives à ce sujet sont, dans la plupart des pays européens, très en retard, certaines entreprises proposent des solutions alternatives : de brèves vidéos de formation au digital, envoyées sous forme de mails ou de pop-up, permettent de remplir des « temps interstitiels » (transports en commun, par exemple). Si ces solutions ne remplaceront jamais une formation au cours de laquelle l'apprenant passera plusieurs heures à se concentrer sur un thème donné ou interagira avec d'autres élèves, elles ont pourtant un avantage très précieux : elles dédramatisent l'acte d'apprentissage, du fait de leur format court et de leur nature ludique, et font passer l'idée qu'apprendre est accessible à chacun, y compris ceux dont le bagage éducatif est peu élevé. Si le dispositif est bien conçu, il peut aussi créer une émulation interne : le fait d'avoir créé un *digital passport* – une certification à la compréhension des enjeux digitaux – a ainsi rencontré un fort engouement chez Orange. L'idée est désormais de créer des badges virtuels et physiques qui permettraient de renforcer les dynamiques d'entraînement et ainsi de généraliser l'acquisition de compétences digitales ; un enjeu que l'on conçoit comme essentiel pour l'opérateur.

Répétons-le : l'enjeu de la formation reste largement à définir pour les directions des ressources humaines. Ces formations doivent contribuer à créer une nouvelle forme de culture d'entreprise, propre à affronter la révolution digitale. On conçoit cependant qu'elles ne pourront pas être exclusivement digitales. La mise en pratique et l'expérimentation font partie intégrante de la transmission du savoir et donc du succès ou de l'échec des programmes de formation. La capacité des directions des ressources humaines à développer des cursus personnalisés et cohérents pourrait bien être le point qui les distinguera au cours des années à venir. Pour les grandes entreprises, disposant d'une expertise de classe mondiale et par essence habituées à interagir avec des populations importantes, cela pourrait devenir un avantage concurrentiel de premier plan.

TROISIÈME PARTIE

L'entreprise, une plateforme

1.

La plateforme, trait d'union entre data et multitude

La radicalité de la transformation digitale peut se résumer à un seul principe : les entreprises, quelles qu'elles soient, ont vocation à devenir des plateformes. C'est-à-dire à être au cœur des interactions (fournisseurs, clients, salariés et autres parties prenantes) qui leur permettent de remplir leur mission au mieux. Qu'il s'agisse de produire des réacteurs d'avions ou de vendre des services de restauration à domicile, il va devenir de plus en plus nécessaire d'optimiser ces interactions en les automatisant, autant que possible, pour permettre d'accroître sensiblement leur productivité.

En reformulant totalement les processus de création de valeur, la plateforme recrée également de nouvelles formes de partenariats et d'alliances avec ces entités : elle traite la donnée échangée et créée par sa multitude. Par exemple, Uber est en relation étroite avec près de dix millions de clients et environ 200 000 chauffeurs ; mais au-delà, cette société interagit également avec de nombreuses banques, des systèmes de paiements, systèmes d'information routière, réseaux sociaux, etc. Plus elle interagit, plus elle crée de la valeur. Il en est de même pour Tesla : Elon Musk a lui-même comparé sa société à une plateforme. Il a clairement compris que face à la Google Car et aux véhicules autonomes, sa voiture, aussi performante qu'elle puisse être, serait hors marché si elle n'était pas capable de fournir un service de transport en autonomie au moins équivalent à ces concurrents dévoreurs de données. L'objectif, pour Elon Musk, est donc de comprendre comment ses clients utilisent ses véhicules, quelles sont leurs habitudes, comment ils organisent leur journée, etc., de sorte à pouvoir utiliser cette donnée pour optimiser son offre. En conséquence de ce changement de pratiques, il devient primordial de capter les données et de comprendre le contexte, ce qui entraîne des expertises fort différentes de celles qui étaient mises en œuvre auparavant, même par Tesla. Connaître, en lisant nos agendas, nos destinations probables, tenir compte des embouteillages possibles, de la disponibilité du véhicule, de ses besoins de maintenance, tout cela requiert une nouvelle forme de savoir-faire qui n'a que peu à voir avec le fait d'emboutir de l'acier pour construire une voiture. Il y a quelques années, les constructeurs automobiles n'auraient probablement jamais imaginé avoir à s'approprier la donnée de leurs clients finals, et moins encore que la réussite de cette mission soit un impératif de survie à court terme. D'ailleurs, pour être tout à fait franc, certains semblent ne l'avoir toujours pas compris.

De la grande entreprise à l'artisan

Il y a peu, je rendais visite à mon dentiste ; la digitalisation y fait des incursions surprenantes. Désormais, il n'a plus de prothésiste. Le dentiste effectue des relevés 3D des dentitions, qui peuvent être envoyés à un opérateur. Celui-ci, après avoir finalisé le modèle des prothèses, les renvoie chez le dentiste, où elles sont imprimées en 3D. Mon dentiste est donc en train de s'équiper d'une imprimante 3D spécialisée dans les prothèses dentaires. Inutile d'épiloguer sur les gains de temps, de productivité, de confort que ce processus procure. De même, la comptabilité s'automatise totalement et les quelques opérations manuelles qui continuent à incomber au dentiste consistent à scanner ses notes de frais pour qu'elles soient ensuite traitées par une plateforme spécialisée, sans qu'il ait à rencontrer quiconque. La quasi-totalité des autres documents sont déjà numériques, et donc aisés à véhiculer vers la plateforme de traitement. De surcroît, s'il le souhaite, mon dentiste pourrait effectuer les prises de rendez-vous via un agenda en ligne que ses patients rempliraient eux-mêmes. Il lui suffirait de prévoir le temps qu'il souhaite attribuer à chacun en fonction de ses antécédents dentaires, et les plages horaires adéquates se libéreraient. Enfin, avec un autre type d'équipement, il lui sera prochainement possible d'explorer ma dentition aux côtés d'un orthodontiste virtualisé, et de débattre ensemble de la façon la plus appropriée de poser un appareil dentaire, en cas de besoin.

On le voit donc : la transition digitale ne concerne pas uniquement les grandes entreprises, mais également les artisans. Gageons que l'on peut appliquer ce type d'analyse de transformation à tous types de métiers de proximité : du restaurateur – qui pourrait s'appuyer sur des plateformes prédictives pour optimiser son besoin de personnel en fonction de l'affluence prévisible, ainsi que les demandes de tel ou tel type de plat en fonction des antécédents de son enseigne, de la météo, des jours fériés, etc. – au garagiste, qui fait déjà des diagnostics de l'état des moteurs en connectant ceux-ci à une plateforme appropriée, en passant par mon cordonnier qui pourrait, un jour, imprimer des chaussures épousant précisément la forme de mon pied, même si cette dernière hypothèse semble plus lointaine que d'autres. Pour être aboutie, la notion de plateforme concernera probablement, à terme, l'unification des flux de données hétérogènes. C'est-à-dire que le processus de fabrication de prothèse sera directement lié au système comptable ainsi qu'au processus de prise de rendez-vous. On en est encore loin, mais c'est une perspective quasi certaine, tant elle est porteuse de potentiel. Il est à cet égard probable que le lien sera fait par la mise en œuvre de *learning machines*, des processus apprenants, au cœur des technologies d'intelligence artificielle. Ceux-ci, en observant les liens entre des flux en apparence décorrélés, peuvent y détecter des points d'articulation et donc d'intégration de systèmes.

Tout devient service

L'impact des plateformes ne se mesure pas uniquement à leur capacité de réorganiser les processus de production. Elles peuvent avoir des conséquences très profondes sur les modèles d'affaires. Dans les années 2000, General Electric envisagea de fermer son unité de batteries de Schenectady, dans l'État de New York. On y produisait des batteries au plomb, traditionnelles et à faible valeur ajoutée. Fabriquer une batterie n'est pas très compliqué : il s'agit généralement de technologies plutôt rustiques et, pour ce qui concerne les batteries industrielles, sans barrières technologiques. On aurait donc pu s'attendre à ce que ces productions de batteries soient relocalisées dans des pays à bas coûts salariaux. Mais après évaluation, GE a choisi de maintenir son usine près de New York et de l'automatiser massivement : on n'y trouve désormais que 370 employés à plein temps sur une surface de 1,8 hectare. Un seul opérateur peut y contrôler l'ensemble du processus industriel depuis un iPad, où il reçoit des informations provenant de 10 000 capteurs disséminés dans toute la chaîne de production. Mais le cœur du réacteur se trouve en réalité ailleurs : chacune de ces batteries comprend un dispositif électronique qui la relie au réseau Internet, permettant ainsi d'en optimiser l'utilisation, par exemple par grand froid ou lorsqu'elle chauffe au-delà des limites raisonnables. Cette valeur ajoutée, située en aval du processus industriel, génère un service complémentaire important pour les clients de GE. De surcroît, les ingénieurs de la société peuvent, en recueillant de grandes quantités de données sur le fonctionnement de leurs batteries, en optimiser la maintenance, et améliorer ainsi la conception de la prochaine génération de produit. GE a donc recruté 400 ingénieurs de très haut niveau, des spécialistes de la gestion de données – ou *data-scientists* – pour nombre d'entre eux, des statisticiens, des ingénieurs en réseaux et télécommunications, etc. Le service ici devient donc une partie intrinsèque du produit. L'acheteur des batteries GE bénéficie d'une offre qui lui permet de faire mieux fonctionner sa batterie, plus longtemps, et finalement d'en avoir « plus pour moins ». Le modèle économique en est donc fortement impacté dans la mesure où, d'un achat unique, le client évolue vers un modèle par abonnement.

L'univers du logiciel a été le premier à faire cette révolution, dès la fin des années 1990. On parle alors de Software As A Service (Saas) : ce sont des logiciels qui ne fonctionnent qu'à condition de payer un abonnement, généralement mensuel. Ainsi, pour Microsoft, la mutation du produit vendu au logiciel de type Saas s'est faite graduellement, et la mise en place de Windows 10 a marqué la consécration de cette évolution avec un produit largement en Saas. Depuis une dizaine d'années, ce modèle de type Xaas se développe considérablement, contaminant une large part de l'économie, du logiciel aux ventes d'équipements tels que les trains à grande vitesse. Que penser d'ailleurs d'Uber, si ce n'est qu'il s'agit d'une utilisation momentanée d'un service qui nous évite, dans une certaine mesure, d'acheter une voiture ? Ou d'Airbnb, qui pourrait nous éviter l'acquisition d'une résidence secondaire ? D'ici quelques années, il est concevable que la moindre machine à laver, le moindre autocuiseur, mais également nos vêtements, nos aliments, intégreront une part de services connectés. Depuis longtemps, industriels et énergéticiens travaillent d'ailleurs sur l'idée d'une génération de machines à laver qui se mettraient en route dans les périodes creuses de consommation d'énergie. On pourrait également envisager que celles-ci puissent commander automatiquement[1] savons liquides et détergents lorsque leurs stocks sont faibles, ou encore effectuer un autodiagnostic lorsqu'elles tombent en panne, de sorte à ce que le réparateur vienne avec la bonne pièce. Dans le domaine alimentaire, notre réfrigérateur pourrait nous proposer des recettes qui permettraient d'utiliser en priorité les produits les plus périssables, dont il aurait connaissance grâce à des caméras de reconnaissance visuelle, ou encore il pourrait « lire » les étiquettes hyperfréquences des produits présents. Il pourrait également commander automatiquement ce qui serait sur le point de manquer et créer des alertes sur les produits dont les dates d'expiration sont proches[2].

De même, à l'avenir, nos vêtements intégreront des capteurs qui permettront de connaître notre état de santé : plusieurs expérimentations prometteuses sur ce sujet sont en cours. Ils pourront également prévenir la machine à laver sur la meilleure façon de les laver, et permettre d'être recyclés le jour où nous déciderons de nous en séparer. Le potentiel est en réalité sans limites et met particulièrement en évidence la nécessité de disposer d'environnements intelligents.

Leapfrog

Parfois, ce sont les pays les moins développés qui bénéficient et bénéficieront des services les plus avancés

---

1. Amazon et General Electric ont ensemble lancé un tel service, nommé « Amazon Dash Replenishment », en janvier 2016.
2. Samsung a lancé le Family Hub au Cebit 2016, un réfrigérateur ultraconnecté qui effectue ces opérations.

en provenance d'entreprises passées en mode plateforme. En Afrique, où 40 % des médicaments sont factices – soit des pilules en sucre fabriquées par des mafias sans scrupule –, les industriels du médicament se sont alliés pour développer des plateformes Internet et téléphoniques qui permettent de sécuriser la chaîne de distribution. Certaines boîtes de médicaments comprennent ainsi un code à gratter qui permet de vérifier, en appelant un numéro centralisé pour plusieurs marques, qu'il ne s'agit pas d'un produit contrefait[1]. D'autres technologies de même type sont en train d'être testées pour s'appliquer aux médicaments à l'unité, très répandus, dans les pays développés. Ces pays, d'ailleurs, réalisent un « saut de grenouille » (*leapfroging*), c'est-à-dire s'approprient des technologies les plus récentes en « brûlant des étapes ». Il en est ainsi du mobile banking, de services de télémédecine, de modèles d'énergie solaire décentralisée, etc.

En réalité, une infinité de services industriels peuvent être initiés à travers une reconception plus « systémique » des produits et des biens de consommation vers le mode plateforme. Nos maisons et nos bureaux sont progressivement accessibles au réseau via le wifi et d'autres technologies, ce qui induit un accroissement notable des services intégrés dans les produits. L'outil de production industrielle devient une plateforme, mêlant étroitement fabrication et services logiciels, comme la

1. La start-up mPedigree, d'origine ghanéenne, est probablement la plus en avance dans ce domaine. Elle aurait déjà authentifié plus de 500 millions de boîtes de médicaments et connaît une croissance spectaculaire. Elle sécurise désormais aussi des pièces de rechange pour l'automobile ainsi que des produits agroalimentaires.

société Apple l'a fait depuis ses débuts. Aujourd'hui, il n'est plus concevable de vendre un smartphone sans que celui-ci intègre un système d'exploitation qui assure la distribution de fonctions avancées de sauvegarde de sécurité, de maintenance, lui-même ouvert à des partenaires extérieurs qui développent toutes ces petites apps que nous utilisons quotidiennement.

L'industrie 4.0 est donc celle qui saura se rapprocher des besoins de ses clients pour les accompagner quotidiennement, longtemps après leur avoir vendu un produit. D'ailleurs, aujourd'hui, lorsque Airbus vend un avion, la part de services intégrés tend à s'accroître. À terme, l'objectif serait qu'à chaque fois que celui-ci touche le sol, un téraoctet d'informations soit échangé entre l'avion et un centre serveur, qui permettra de connaître l'état exact de l'ensemble des parties critiques (réacteurs, système hydraulique, train d'atterrissage) et de prévoir les opérations de maintenance en conséquence. Sur la durée de vie d'un avion, les économies réalisées par cette nouvelle approche pourraient, à elles seules, se chiffrer en dizaines de millions d'euros par appareil.

Les produits et services issus de chaque entreprise – qu'il s'agisse du luxe, de la santé, du tourisme ou du transport – devront tôt ou tard être partie prenante d'une plateforme. Ne pas le faire reviendra à courir le risque de devenir le sous-traitant d'une société qui aura pu développer la sienne. Par exemple, c'est IBM, qui n'est pourtant pas une société spécialisée dans la gestion des réseaux urbains, qui a été retenue pour administrer de façon intelligente le réseau de distribution d'eau de l'île de Malte, au détriment de sociétés spécialisées.

2.

Enjeux des plateformes et projet industriel

Les objets intelligents représentent un facteur notoire d'évolution de la plupart des métiers. Pour l'instant, cependant, leur pénétration reste marginale et ils ne sont utilisés que dans une minorité de cas. Mais leur potentiel est tel qu'ils devraient être à même d'impacter fortement une majorité d'acteurs économiques. On l'a vu, la loi de Moore permet de diminuer nettement le coût des technologies de connexion au réseau, et cette même loi s'applique aux capteurs : accéléromètres, caméras, capteurs de particules voient leurs prix s'effondrer. Des technologies hyperfréquences (d'identification et de transaction sans contact) ou au contraire très basses fréquences (pour communiquer dans les environnements industriels ou souterrains, par exemple), qui n'étaient accessibles qu'à des coûts dissuasifs, se mettent, par le biais d'une production de masse, à la portée de tous. À titre d'exemple, dans le domaine des flux logistiques, cela permet aux objets connectés de devenir des auxiliaires très performants pour localiser en temps réel des marchandises, indiquer leurs températures, les chocs qu'elles ont subis, etc.

Dans de nombreux autres secteurs, tel celui du bâtiment, qu'il s'agisse de maîtriser les dépenses d'énergie, l'optimisation de l'utilisation d'espace, la gestion de personnel, ils en simplifient radicalement l'exploitation. Et que penser de l'univers des véhicules autonomes ? Les Google Cars ont déjà effectué près de 10 millions de kilomètres avec un nombre d'accidents incomparablement plus réduit par rapport à ce qu'aurait normalement rencontré un humain. En outre, il est envisageable de faire disparaître les parkings, dans la mesure où ces véhicules en mode partagé devraient rouler presque sans discontinuer, alors qu'un véhicule standard passe 93 % de son temps à l'arrêt. Comme l'usage tend à devenir « Car As A Service », et que les données seront des auxilliaires de maintenance, il est d'ailleurs probable que le taux de possession pourrait fortement baisser, modifiant fortement les modèles d'affaires des constructeurs. Enfin, ce sont les infrastructures routières elles-mêmes qui seraient fortement impactées : des travaux de Google ont démontré qu'il serait possible de faire passer quatre à cinq fois plus de véhicules à l'heure qu'auparavant. Les embouteillages disparaîtraient, l'emprise au sol serait progressivement réduite et, dans la mesure où ces véhicules sont électriques, la pollution diminuerait fortement.

Il ne s'agit là que de quelques exemples. La mise en œuvre de ces objets soulève un grand nombre de questions auxquelles les réponses manquent, et auxquelles les entreprises semblent peu préparées. Pourtant, d'ici 2025 – c'est demain ! –, le cabinet Gartner prévoit que ces objets pourraient être jusqu'à 100 milliards à envahir nos usines, nos magasins, nos maisons…

Sécurité et vie privée

Les objets connectés sont particulièrement faillibles face aux attaques. Des caméras d'ordinateurs, ou encore des caméras domestiques pour surveiller les enfants, ont été compromises avec une aisance déconcertante. De même, il a été prouvé que les voitures de génération récente peuvent être « hackées » : il est possible de prendre le contrôle du système de divertissement, de déverrouiller les portières ou même d'arrêter la voiture lorsqu'elle roule.

Les « Wearables », objets connectés que l'on porte sur soi, comporteraient tout autant de failles. Non seulement l'adresse MAC (Media Access Control) qu'ils utilisent permet de suivre quelqu'un à la trace, mais il est généralement possible de les compromettre pour voler des données de santé ou autres data sensibles. Des entreprises comme Gemalto et Microsoft se sont largement investies dans le sujet de la sécurité, mais il est regrettable que face au potentiel de ces outils, l'enjeu de sécurité ne soit pas plus largement partagé.

Les enjeux de données privées sont également très inquiétants car, avec l'émergence des objets connectés, c'est une partie importante de notre vie privée qui devient accessible – aux hackers qui s'empareraient de ces données par indélicatesse, mais également aux intérêts privés et aux États, qui pourraient faire un usage commercial de la façon dont nous vivons. Imaginons que demain je puisse faire l'acquisition d'une montre connectée qui mesure mon taux de glycémie. Voyant que celui-ci s'approche dangereusement de la zone signifiant que je suis affamé, la tentation pourrait être grande de créer un dispositif qui me prévienne ainsi : « McDonald's à 120 m dans la prochaine rue à droite : un bon de réduction de 20 % si vous y allez d'ici 5 mn ! »

On conçoit donc que si une application est potentiellement parfaitement légale, dans la mesure où j'aurais éventuellement souscrit volontairement à ce service, elle n'en soulève pas moins des questions éthiques significatives. Dans le milieu professionnel, nombreux sont les outils qui permettent de savoir dans le moindre détail ce que fait chaque employé d'une entreprise donnée. Ces outils pourraient être utilisés pour améliorer la sécurité ou la formation, mais également à des fins coercitives, avec tous les abus qui pourraient en découler.

Big Data

L'une des conséquences évidentes des objets connectés, c'est la quantité de données qu'ils génèrent. Si un tracteur agricole ne crée que quelques gigaoctets par an, il en va tout autrement lorsqu'on en a vendu des centaines de milliers d'exemplaires. Les enjeux de traitement deviennent considérables, alors même que la qualité de service doit être irréprochable. Chaque service de données qui ne fonctionnerait pas convenablement signifie, potentiellement, une exploitation agricole à l'arrêt. Il faut donc non seulement être capable de servir ces données avec une qualité de service digne des plateformes les plus performantes, mais également être à même de faire les traitements algorithmiques complexes en temps réel, et de surcroît assurer une hotline client permanente en cas de difficultés.

Cependant, de nombreux industriels et sociétés de services ne sont pas équipés pour cela. Beaucoup sont en mode « *sell and forget* » (vendre et oublier). L'opportunité est pourtant immense. Il s'agit, par exemple, d'instaurer une nouvelle forme de relation client qui ne repose plus sur le fait de vendre des produits mais d'avoir une relation continue avec eux. Dans bien des cas, les objets connectés, même très sophistiqués, pourraient d'ailleurs être offerts gratuitement au consommateur. On le conçoit aisément pour une carte de crédit, que l'on paierait au fur et à mesure des transactions, ou pour une imprimante, dont les consommables représentent le principal facteur de marge. L'imagine-t-on à l'égard d'un robot mixeur auquel on s'abonnerait pour avoir accès aux recettes, ou que l'on paierait en commandant les ingrédients alimentaires ? À l'égard d'une voiture ? D'un réacteur d'avion[1] ?

En réalité, il faudrait un livre entier[2] pour évoquer l'ensemble des bouleversements que vont induire les objets connectés. Si ce n'est pas le propos central de cet ouvrage, il semblait nécessaire de mentionner les différents aspects qui caractérisent les IoT (*Internet of Things*) afin de mettre en évidence la rupture qu'ils induisent dans le modèle d'affaires des entreprises. Là encore, l'innovation est moins incrémentale que de rupture : elle induit de nouvelles organisations, de

1. Lire à ce propos l'excellent livre de Chris Anderson : *Free !*, Pearson, 2009.

2. Voir, sur le site www.institutmontaigne.org, le rapport « Big Data et objets connectés », que j'ai cosigné avec Robert Vassoyan en avril 2015.

nouvelles compétences, et donc le plus souvent une évolution radicale du cœur de métier de l'entreprise.

Application Protocol Interface (API)

Si les plateformes offrent de tels niveaux de performance, de flexibilité, de facilité à monter en puissance, c'est largement le fait des API, l'équivalent d'une prise de courant pour les données : un format d'échange normalisé, documenté, qui permet aux codeurs de s'en emparer pour développer des services à partir des données de la plateforme sans en référer au département qui en a la charge. Les API peuvent être accessibles soit uniquement à des sous-groupes au sein de l'entreprise, soit à toute l'entreprise, soit à des partenaires particuliers. Elles peuvent aussi, dans le cas d'API ouvertes, être librement accessibles à quiconque. Une API permet souvent de normer une relation commerciale avec les partenaires les plus variés. Elles se retrouvent au cœur des stratégies de développement des entreprises digitales. Ainsi Jeff Bezos, le CEO d'Amazon, les a-t-il érigées au rang de priorité de premier plan, en arrêtant les cinq règles suivantes, diffusées à tous les codeurs de l'entreprise :

> 1. Toutes les équipes [de développement] doivent rendre leurs données accessibles via des API.
> 2. Les équipes doivent communiquer entre elles par l'intermédiaire de ces interfaces.
> 3. Il ne pourra exister d'autres formes de communication entre les applications : pas de lien direct spécifique, pas d'exportation de données d'équipe à équipe, pas de base de données partagée sans ouverture via une API.

La seule communication de données autorisée doit se faire via une API documentée.

4. Il n'y a aucune règle en ce qui concerne les choix technologiques.

5. Toutes les API, sans exception, doivent être conçues dès le départ pour être externalisables. L'équipe qui développe l'API doit faire en sorte qu'elle puisse, à terme, être accessible aux développeurs du monde entier. Pas d'exception à cette règle.

Une sixième règle non écrite, mais souvent rappelée, est que quiconque s'affranchit de l'une des cinq précédentes sera renvoyé, démontrant par là même que l'on ne plaisante pas avec ce sujet. Jeff Bezos a en effet clairement compris qu'en normalisant l'accès aux données, il créerait une culture de la transparence et donc de collaboration entre ses équipes et avec des acteurs externes. Cette horizontalisation permet également l'émergence d'initiatives « holistiques » rassemblant des données auparavant isolées dans des départements distincts : par exemple, en laissant des développeurs travaillant sur des activités d'e-commerce accéder à des API liées aux services de Video On Demand, il accroît d'autant le champ du possible. Les API favorisent également une culture « intrapreneuriale » en permettant aux développeurs d'accéder aux données et de prendre eux-mêmes des initiatives d'innovation. Enfin, la sécurité intrinsèque aux API limite les problèmes en ce domaine. Elles peuvent ainsi limiter le volume de données pour éviter qu'un robot n'« avale » l'ensemble des données d'un service. Il peut aussi exister des restrictions, sur les données financières par exemple, ou sur les données d'un service jugé confidentiel. Mais ces données n'en sont pas moins ouvertes *a priori*, au moins pour des groupes restreints, ce qui n'était pas le cas auparavant lorsqu'il fallait obtenir une autorisation du DSI (directeur des systèmes d'information) pour y accéder.

On serait en droit de se demander pourquoi on offrirait l'accès libre aux données à des individus qui n'ont pas de relation contractuelle avec l'entreprise. Pourtant, une telle initiative est fondamentale lorsqu'on fait muter une entreprise dans l'économie digitale. Car c'est en normalisant et en ouvrant l'accès à ces données que les sociétés pourront s'assimiler à des entreprises-plateformes, plus que par le modèle technologique avec lequel elles administrent celles-ci. En offrant des données, elles peuvent également en récolter, suivant l'exemple d'OpenStreetMap qui offre un accès gratuit à ses cartes géographiques, et récupère ainsi des informations qui accroissent la précision de ces cartes. Les API permettent également de favoriser l'éclosion d'un écosystème de « codeurs » qui auront une excellente connaissance des fonctionnalités de la plateforme et des caractéristiques de ses API. À terme, ces codeurs pourraient être sollicités par l'entreprise sur d'autres sujets, d'autres API, et eux-mêmes pourraient utiliser leurs savoirs et la connaissance qu'ils ont des API de l'entreprise pour les valoriser au sein d'un autre projet potentiellement source de valeur pour l'entreprise.

Les API représentent de véritables contrats de l'entreprise vers ses tierces parties et même vers ses salariés. Ceux qui les utilisent devront évidemment tenir compte des règles qui leur sont inhérentes : sécurité, réglementation, performance, etc. Il s'agit de contrats « fonctionnels », mettant directement en œuvre les caractéristiques qu'elles édictent : le type de données auxquelles ces API donnent accès, le volume d'échanges de données possibles, la vitesse à laquelle ces échanges sont réalisés, etc. Le cas échéant, elles peuvent être complétées par des obligations contractuelles que valideront leurs utilisateurs avant d'accéder – via l'API – aux données de l'entreprise.

L'architecture de la plateforme

L'un des enjeux centraux de la construction d'une entreprise digitale, c'est l'architecture de son système de gestion de données. Beaucoup d'entreprises ont pensé que leur modernisation passait par la mise en place d'un ERP[1] ou d'un système d'information acquis à l'extérieur. En réalité, peu de chose s'oppose autant au modèle de l'entreprise digitale que celui qui consiste à mettre en œuvre un ERP. Les ERP ont été inventés dans les années 1960, et ils ont été formatés de sorte à respecter, si ce n'est à renforcer, le modèle d'organisation de l'entreprise tayloriste. De surcroît, ils ont été conçus à une époque où le coût d'administration des données était si élevé qu'il était nécessaire de limiter autant que possible leur mobilisation. Les data étaient donc organisées par division, et les transmissions de données entre chaque division limi-

1. L'Enterprise Ressource Planning (ou progiciel de gestion intégré) est un système applicatif qui synchronise les différentes fonctions de l'entreprise. Censés couvrir tous les besoins, les ERP ont généralement des domaines d'expertise centraux (la comptabilité, les stocks, etc.) et des angles morts. Leur architecture, souvent centralisée autour de la DSI, en limite fortement la flexibilité.

tées au strict minimum. N'en doutons pas, ce modèle a largement renforcé l'entreprise en silo. Au fil du temps, les organisations se sont généralement dotées de plusieurs ERP, se chevauchant souvent et nécessitant des interfaces complexes[1], limitant plus encore la circulation des données.

À cela, il faut ajouter l'ensemble des applicatifs dont l'intégration n'est pas toujours en cohérence avec le modèle général. Ce type d'organisation de système se heurte frontalement avec l'émergence de modèles en mode plateforme où la donnée est *a priori* disponible et contrôlée par le biais d'API. Ce qui modifie fondamentalement l'architecture du système d'information et le rôle des directions des systèmes d'information, qui se concentrent presque exclusivement sur la performance et la disponibilité de la plateforme, ainsi que sur la gestion des API – aussi bien en ce qui concerne les autorisations d'accès que les risques de cybercriminalité et de failles. Toutefois, le modèle plateforme, si simple en apparence, n'est pas pour autant aisément accessible aux entreprises traditionnelles. Elles ne peuvent, un beau matin, décider de faire migrer l'ensemble de leurs systèmes d'information, et les faire repartir au sein d'un modèle plateforme. Leurs applications et leurs ERP servent des processus qui sont devenus, au fil du temps, centraux, et qui structurent les modèles d'affaires. On ne peut pas les faire disparaître, et souvent on ne sait même pas comment ils fonctionnent. Ainsi, dans les banques, la gestion de

---

1. Les ETL (Extract Transform and Load) sont des outils logiciels qui permettent d'interfacer différents systèmes ayant des structures de données hétérogènes.

l'héritage informatique devient un enjeu kafkaïen. Le directeur des systèmes d'information d'une très grande banque française m'avoua un jour qu'il administrait au moins 4 000 applications différentes, dont un certain nombre avait été mis en fonctionnement dans les années 1970 !

La tendance générale est plutôt à l'amélioration et à la maintenance à tout prix qu'au « *reboot* ». En réalité, dans les grandes entreprises et particulièrement dans l'univers de la banque-assurance, il faut se faire à l'idée que la migration vers un modèle plateforme pourrait se compter en décennies, tant la gestion de cet héritage est complexe. C'est pourquoi il importe de mettre en place un véritable projet industriel, qui va s'étendre sur des années, pour faire migrer progressivement données et applications dans un mode cloud (ou plateforme). Bien entendu, des questions ne manqueront pas de se poser, comme celle qui consiste à savoir si l'entreprise doit être propriétaire de son cloud (mode cloud privé) ou si elle doit se reposer sur des acteurs spécialisés et externes. Trop souvent, la réponse à ces questions a été donnée en s'appuyant sur des paramètres erronés : par exemple, penser que la sécurité serait mieux assurée si les données étaient hébergées par l'entreprise elle-même[1]. Or, les enjeux de sécurité ne concernent pas uniquement la propriété « physique » de la plateforme, mais également les autorisations d'accès et leurs administrations, le cryptage éventuel,

1. Le mode qui semble remporter le plus de suffrages est celui du « cloud dédié », c'est-à-dire l'utilisation d'une infrastructure privée externe, mais au sein de laquelle on isolera des équipements et applicatifs de sorte qu'ils ne soient utilisables que par l'entreprise locatrice.

la mutualisation avec d'autres applicatifs, etc. Parfois, c'est la connaissance des enjeux technologiques et de services liés à ces nouveaux paradigmes technologiques qui manque le plus ; on observe alors que l'excellence des acteurs des directions informatiques, en termes de maîtrise d'un paradigme ancien et fort différent, se révèle plus souvent un handicap qu'un avantage.

Du capital humain

La transition vers l'entreprise plateforme présente beaucoup de similitudes avec le processus de transformation de l'outil productif qu'avait connu le monde économique à la Belle Époque, entre 1880 et la Première Guerre mondiale. Et comme l'avait souligné Paul David, l'économiste de la seconde révolution industrielle, c'est avant tout le manque de capital humain formé qui a ralenti l'appropriation de ces nouvelles techniques. Il démontrera aussi que toute innovation technologique majeure n'exercera d'effet sur le système productif global qu'après un assez long délai d'adaptation. Dans le cas de l'électricité, il faudra ainsi une quinzaine d'années entre l'apparition de l'alternateur et ses premières mises en pratique industrielles. Cet économiste démontra enfin qu'il aura fallu près de cinquante ans avant que l'électricité ne soit massivement utilisée comme moyen productif.

Paul David s'attachera par ailleurs à comprendre les raisons qui freinent la propagation d'une technologie relativement simple : le poids des conservatismes et surtout l'absence de personnel formé. Il a constaté, en particulier, que les conservatismes et contraintes réglementaires sont d'autant plus forts qu'ils permettent de défendre les acteurs qui auraient le plus à perdre lors de l'avènement d'une rupture technologique. Toute similitude avec le monde actuel n'est malheureusement pas fortuite !

Enfin, Paul David remarqua également que les ruptures technologiques impliquent au départ des coûts cachés qui masquent les gains de productivité : formation intensive et intégration d'une nouvelle catégorie de personnel, destruction de productivité dans des domaines connexes. Par exemple, lorsqu'un ordinateur remplace des comptables dans une entreprise, on ne se sépare pas nécessairement des comptables, mais on les affecte à des fonctions où ils sont moins productifs tout en gardant le même salaire. Paul David sera rejoint par une nouvelle école d'économistes qui confirmeront ces intuitions. Erik Brynjolfsson, par exemple, analysera très finement les gains et les pertes de productivité au sein d'une même entreprise, conséquence de l'informatisation[1].

Dans la mesure où les plateformes impliquent une large réorganisation de la division du travail – comme dans le cas du dentiste –, il est probable que les freins proviennent davantage du conservatisme et de l'absence de compétence que de limitations technologiques. Là aussi, on est frappé par les similitudes avec le monde actuel, au sein duquel seule une faible minorité de cadres est formée à la mise en œuvre des technologies digitales, tandis que les résistances

1. Lire en particulier : *Wired for Innovation: How Information Technology Is Reshaping the Economy* et *Computing Productivity: Firm-Level Evidence*, MIT Press, 2009.

au changement s'expriment au sein des entreprises comme des administrations publiques.

Transitions

La migration des entreprises en plateformes restera sans doute, pour un certain temps, une notion largement incomprise. C'est d'autant plus dommage que ces outils, dans la mesure où ils sont le plus généralement distribués en mode Saas, n'impliquent souvent pas d'investissements insurmontables – les plus importants d'entre eux concernant justement les formations. Cependant, il est vrai que dans sa phase d'émergence, le marché est particulièrement peu structuré et foisonne d'offres différentes, ce qui ne facilite pas la diffusion des meilleures pratiques. Mais une fois cette étape franchie, le potentiel pour les petites et moyennes entreprises – qui ont des moyens d'investissement limités – est considérable. Dans un contexte économique déprimé, quelques entreprises de petite taille ont ainsi réussi un développement remarquable, parfois en utilisant des outils très simples, comme ceux qu'offrent les GAFA. S'il ne s'agit généralement que de cas isolés, c'est probablement parce que rares sont ceux qui savent en bénéficier pleinement.

Pour autant, il est difficile d'envisager un autre mode d'évolution du monde productif : la puissance actuelle – et surtout future – des plateformes est telle qu'elles ne resteront pas longtemps des options. Faut-il donc mettre en œuvre une politique publique proche de celle que l'économiste Jean Fourastié avait initiée lors du plan Marshall, au cours des années 1950 ? Constatant d'énormes différences de productivité entre la France et les USA – il fallait 220 heures de travail pour faire un costume en France, contre 88 aux USA –, il initia les « missions de productivité » et emmena des milliers d'entrepreneurs (contremaîtres, artisans et ouvriers spécialisés) aux États-Unis. La suite est connue : ce sera les Trente Glorieuses, période au cours de laquelle la productivité industrielle a crû d'environ 5 % par an.

À l'égard des plateformes, il n'est pas impossible qu'il faille imaginer une initiative semblable. Ou tout au moins inviter les chefs d'entreprise à envoyer leur direction numérique ou informatique observer ce qui se pratique dans les entreprises américaines et chinoises. Car l'architecture des plateformes, à n'en pas douter, deviendra peu à peu un élément déterminant de compétitivité et différenciera progressivement les bons des mauvais acteurs.

QUATRIÈME PARTIE

Marque, *crowd* et marketing à l'ère digitale

1.

« Nous ne faisons pas d'études de marché »

La révolution digitale a fortement impacté les pratiques au sein des métiers, et particulièrement dans le domaine du marketing, qui met l'entreprise en relation avec la multitude, les consommateurs, les leaders d'opinion. À travers cette interaction renouvelée, le marketing démontre à quel point des expertises considérées comme pérennes peuvent être, en moins d'une décennie, largement remises en cause. Aujourd'hui, on peut se poser la question de la pertinence des techniques marketing, telles qu'elles ont existé au XXe siècle et telles qu'elles sont toujours largement enseignées par les grandes écoles de management. Quiconque, versé dans le monde digital, se saisirait des ouvrages de référence tel le vénérable *Mercator*, serait surpris de voir combien les enseignements érigés comme des totems intangibles sont aujourd'hui remis en cause par la révolution digitale et n'y sont pas transposables. Ainsi, par exemple, la règle des 4P : Produit, Prix, Placement et Promotion. Ces axes cardinaux du mix marketing n'ont plus beaucoup de sens dans une ère où le produit est souvent le consommateur (qui engendre la donnée permettant de créer de la valeur), où le prix est souvent gratuit et la segmentation absente, et où promotion et placement s'expriment en termes de référencement en ligne et de présence sur les réseaux sociaux, c'est-à-dire de façon totalement différente que lorsque la marque créait elle-même ses messages publicitaires.

Il ne faut donc pas s'étonner que plusieurs études[1] constatent que les directeurs marketing représentent les fonctions les plus instables au sein du management des entreprises, avec une durée en poste de l'ordre de 30 mois et des minima à 23 mois dans certains segments économiques – ce qui démontre que la compétence marketing n'est pas adaptée de façon optimale au monde actuel.

Mais comment pourrait-il en être autrement ? Un directeur marketing d'une entreprise, confronté à des consommateurs du segment « *consumer* », reçoit des dizaines de rapports chaque semaine : analytics Web, analytics des réseaux sociaux, panels divers, analyse du résultat des campagnes, ventes par secteur et par produit, tests des nouveaux produits, analyses concurrentielles, etc. Toutes ces informations sont potentiellement intéressantes ; mais beaucoup doivent être retraitées, c'est-à-dire faire l'objet d'études complémentaires pour prendre de la valeur au sein de l'entreprise, et la vision de synthèse reste difficile – sinon impossible – à obtenir. Ni les méthodes ni les outils ne sont optimisés. L'évolution en ce domaine est permanente et les formations, comme nous l'avons vu, traitent des sujets avec retard : une, si ce n'est deux générations technologiques. En conséquence, ceux qui disposent des

1. Source : IBM/Forbes.

expertises appropriées les ont souvent acquises par eux-mêmes, au travers de parcours hétéroclites, enchaînant des postes au sein de start-up et d'entreprises traditionnelles à forte expertise marketing. Chercher à définir ce que devrait être une fonction marketing est donc une gageure dans la mesure où son expertise évolue fortement depuis plusieurs années.

En effet, jusqu'à la fin des années 1990, l'expertise marketing était structurée et relativement simple à mettre en œuvre. Il existait quelques grands canaux dans lesquels il était pertinent d'annoncer : la presse papier, l'affichage sur les panneaux publicitaires, la radio, et surtout la télévision. Bien sûr, d'autres vecteurs publicitaires existaient : le street-marketing ou le sponsoring sportif par exemple, mais ceux-ci ne modifiaient pas fondamentalement la règle du jeu.

Le marché était structuré entre annonceurs (dont il est principalement question ici), agences de publicité et agences média. Pour ce qui concerne celui des agences de publicité, leur rôle consistait, jusqu'à présent, à créer des publicités originales, supposées marquer le consommateur et promouvoir les marques clientes. Le métier de publicitaire était une profession enviée, car créative et attirante par sa capacité de sublimer le quotidien.

Quant aux agences média, elles sont supposées soit conseiller les annonceurs sur les choix de planification de médias, soit jouer un rôle de mandataire dans les procédures d'achat d'espaces publicitaires. Leur objectif consiste à construire un « plan média » qui permet de toucher le plus de consommateurs possible pour un produit donné. Ainsi, on imagine qu'il est peu approprié d'annoncer dans *Jours de France*, un magazine traitant de la vie sociale des rois et des comtesses, dont le public est assez âgé et traditionnel, pour essayer de vendre une boisson énergisante.

On va le voir : aucun de ces types d'agences ne devrait sortir indemne de la révolution digitale. Si, en ce qui concerne les annonceurs – les clients des deux autres –, c'est la fonction marketing qui est impactée, le rôle des agences de création (les publicitaires) et des agences média n'a rien d'enviable. Il n'est pas certain qu'elles s'adaptent suffisamment aux enjeux de la révolution digitale.

Ainsi, la capacité nouvelle qu'ont, avec le numérique, les consommateurs à commenter, à choisir, à faire et défaire le destin d'une marque, dans un monde globalisé où les innovations se succèdent à une fréquence effrénée, est le quotidien des directeurs marketing. Transparence, responsabilité, *accountability* – ou responsabilité tangible de la marque – ne sont plus des options, mais des nécessités impossibles à négocier. Si l'on peut encore imaginer des publicités dont le potentiel allégorique influencera fortement le consommateur, il reste indispensable de saisir ces nouvelles dynamiques sous peine de tendre vers l'inefficacité, voire de mettre en danger la marque à moyen terme.

Cette remise en cause des pratiques marketing par le monde du numérique n'est pas nouvelle. Il y a près de vingt ans, Steve Jobs initiait l'affront :

> Nous ne faisons pas d'études de marché. Nous ne recrutons pas de consultants [en marketing]. Les seuls consultants que j'aie jamais employés ont été chargés d'analyser la stratégie de Gateway [un distributeur informatique américain] dont je n'aurais pas été inspiré d'utiliser les recommandations tant elles étaient

bourrées d'erreurs. Nous ne faisons donc pas d'analyse marketing en soi : nous voulons juste faire de grands produits.

L'attaque était sans concession ; et elle sera souvent réitérée par Steve Jobs ainsi que par de nombreux acteurs du monde du digital. Elle résume ce qui qualifie une révolution : un changement de paradigme tel que les méthodes les plus éprouvées sont nécessairement remises en cause.

En réalité, c'est le modèle d'innovation, mais aussi le modèle d'évaluation, qui est menacé. L'innovation radicale ou de rupture, qui est quasiment la norme dans l'ère actuelle, n'est guère compatible avec les pratiques marketing traditionnelles. La mesure, elle, est devenue systématique, avec la capacité, au travers de la donnée, de saisir précisément ce qu'est le comportement du consommateur ou de l'usager.

Estimer hier, mesurer aujourd'hui

Une part significative des outils utilisés dans le monde du marketing ont été inventés lors de l'émergence de l'ère de la consommation de masse, soit dans les années 1960. Il en est ainsi des « panels », études assez poussées qui visaient – et visent toujours – à définir des profils types et des besoins standardisés. Aujourd'hui encore, ce sont eux qui décryptent l'évolution du panier moyen de la ménagère, définissent des stratégies de prix, des processus d'introduction des innovations ; c'est grâce à eux que l'on définit la meilleure façon d'organiser les promotions, et la publicité en général. Ils sont pour la plupart construits à partir de sondages effectués sur des échantillons types, censés être représentatifs de segments clairement définis. On ne peut contester que cette approche a convenablement fonctionné, au moins jusqu'à la fin du millénaire. Mais elle n'en a pas moins enfermé le consommateur dans une caricature très générique, dont la ménagère de moins de 50 ans est devenue l'emblème mythique. Ce qui n'a pas empêché l'ensemble de l'industrie du marketing de s'y complaire, croyant ainsi connaître mieux que quiconque les besoins et envies des consommateurs. Après avoir massifié la production et la distribution, rationalisé la logistique, systématisé la promotion, les distributeurs et les marques se sont finalement convaincus que le marketing était une science simple et que les consommateurs allaient bien finir par rentrer dans une petite boîte... Pendant de nombreuses années, il faut bien admettre que tout s'est plutôt bien passé.

Mais le problème, c'est que, sous des apparences de choix raisonnables, cette situation ressemble fortement à un mouvement d'hallucination collective. « Le » consommateur serait ainsi, aimerait cela, etc. Depuis quelques années, nombreux sont les experts qui remettent en cause les méthodologies d'études où, par exemple, des consommateurs sont enfermés dans une pièce pour que l'on recueille leur avis – qui pourrait ne pas valoir beaucoup plus qu'au moment où on l'avait questionné.

Mille anecdotes démontrent les biais qui existent dans ces études. Par exemple, un jour, une société qui fabriquait des postes radio demanda aux participants d'un *focus group* quelle était leur couleur préférée : à des couleurs classiques (noir, gris et beige), on avait ajouté quelques couleurs vives (jaune, orange et rouge).

Tous les participants du panel semblèrent d'accord pour dire que le jaune était particulièrement réussi. Seule une femme tenait au gris. À la fin, pour les remercier de leur participation, on offrit à chacun un appareil. Les différents modèles étaient exposés dans le hall de la société qui avait organisé le *focus group*, et chaque participant était libre de choisir celui qu'il préférait. Quel ne fut pas le désappointement du commanditaire du *focus group* qui avait commandé le panel lorsque, en dépit de ce qu'ils lui avaient affirmé, les participants choisirent, sans exception, un poste gris, noir ou beige. N'est-ce pas là une preuve de la valeur relative des informations que l'on recueille dans ce genre d'exercice ?

Cette mésaventure n'est pas anecdotique. Elle révèle l'imprécision qui règne dans un domaine où l'on cherche à généraliser, pour faire des produits et des messages qui plaisent au plus grand nombre. Une approche qui pourrait être remise en cause dans une ère où l'abondance du choix, tout autant que la capacité de personnalisation du consommateur, rend les méthodes traditionnelles caduques.

Pour ce qui concerne l'achat de médias publicitaires, on retrouve généralement ces modèles également « estimatifs » et de cycle long. La tradition consiste à commander, de concert avec l'agence média, autant d'études ou d'analyses que nécessaire pour cerner les caractéristiques socioculturelles de chacun des supports média, et ce qui pourrait susciter une impulsion d'achat auprès de leurs audiences. On scrute alors attentivement le potentiel de chaque support : affiches dans le métro, « spots » à la télévision, pages de magazines, etc. Puis, en fonction de ces audiences supposées, on construit un « plan média » et des messages qui permettent de s'assurer que l'on touche le plus de consommateurs possible pour une promesse produit donnée.

Ce processus fonctionne largement au travers d'études qui nécessitent un important travail de terrain, et, en dehors des agences média, peu d'acteurs peuvent prétendre avoir commandé autant d'études, réalisé autant d'analyses, et construit autant d'itérations permettant de décrire les caractéristiques démographiques de chaque support média, ce qui se passe dans la tête du consommateur, ce qui va s'y passer dans le futur, la façon dont on peut pénétrer ses ressorts secrets, etc.

Ainsi, la célèbre affirmation de John Wanamaker, en 1919 – « Je sais que la moitié de mes dépenses de promotions sont injustifiées, le problème est que je ne sais pas quelle moitié » –, reste un principe tacitement accepté. Une conversation avec le directeur marketing d'une grande marque de consommation montre que ce principe n'a pas tellement évolué depuis un siècle. Beaucoup d'entre eux ont des budgets de plusieurs centaines de millions d'euros, et n'ont pas la moindre idée de l'efficacité réelle de leurs actions, même s'ils disent le contraire en public !

Si cette imprécision est largement répandue et admise, c'est que le processus a évolué de façon plus ou moins organisée dans le cadre d'améliorations incrémentales de l'offre des entreprises. Lorsque les stratégies d'entreprises évoluent brutalement, lorsque les innovations produit ne sont plus incrémentales, les études se révèlent assez peu utiles, aussi bien au sein des processus d'innovation que dans la conception des messages et stratégies médias. On pense évidemment à la phrase d'Henry Ford : « Si j'avais demandé au consommateur ce qu'il voulait lorsque j'ai conçu la Ford T, il ne fait aucun doute qu'il m'aurait répondu : "Un cheval plus rapide !" »

Des produits qui avaient été pensés pour répondre à un besoin de niche – la Renault Espace ou le Bifidus actif, par exemple – sont devenus des succès massifs, contrairement à ce que les études avaient annoncé. Dans ce monde « classique », où les processus d'innovation traditionnels sont généralement longs et donc coûteux, la tentation de limiter le risque au travers de l'innovation incrémentale est largement privilégiée. En réalité, les entreprises traditionnelles ne sont pas particulièrement à l'aise avec l'innovation de rupture. Lorsqu'elle émerge, c'est généralement au prix d'efforts importants, après d'importantes batailles internes et prises de risques : ainsi en est-il des teintures de cheveux en crème de L'Oréal, qui ne sont devenues un succès qu'au bout de plusieurs années. Pour faire la réputation de ce produit, il a fallu en effet le reconditionner plusieurs fois, refaire sa notice afin que les femmes comprennent comment le produit fonctionne et qu'elles en parlent à d'autres utilisatrices potentielles. Il a également fallu réaliser de nombreuses études, sans parler de l'obstination d'un chef de produit pour qu'enfin cette formulation rencontre un succès massif et global. Ce long processus est généralement coûteux et très mobilisateur pour les marques : l'ensemble du cycle d'innovation, de l'idéation à la montée en puissance d'un produit, s'exprime souvent sur une demi-décennie, parfois plus.

En réalité, cet exemple démontre la difficulté que rencontrent les entreprises traditionnelles, et plus encore les fonctions marketing, lorsqu'elles sont confrontées à des innovations qui ne sont pas incrémentales. Comme nous l'avons vu plus haut, l'une des caractéristiques de la révolution digitale, c'est la fréquence et l'amplitude de l'innovation qu'elle induit. Or, force est d'admettre que les entreprises digitales réussissent formidablement bien à positionner leurs offres et à se créer un chemin jusqu'au consommateur.

Si l'on a évoqué l'importance de l'expérience utilisateur (UX), on pourrait en dire autant de la définition du mix marketing. Il est étonnant de constater que nombre des start-up qui ont le mieux réussi (DropBox, Evernote, Lift, Netflix) ont systématiquement démultiplié les contacts avec des utilisateurs pressentis. Beaucoup d'entre elles utilisent les réseaux sociaux ou leurs sites Web pour recueillir du feed-back de la part de ces utilisateurs[1]. Dans la mesure où l'interaction est ainsi incomparablement plus aisée que dans le monde traditionnel des études de marché et des *focus groups*, les allers-retours peuvent être plus fréquents, plus conséquents, et la relation beaucoup plus authentique. Le bénéfice que les entreprises digitales en tirent ne s'arrête pas là : lorsque le MVP est lancé, on peut faire tous types de tests (sur le prix, les messages clés, l'UX), soit en interagissant avec les utilisateurs, soit tout simplement en utilisant des outils analytics qui permettront de comprendre le comportement du consommateur. Ceux-ci seront appropriés pour étudier tous les phénomènes d'acquisition (profil du consommateur, son parcours type avant de devenir utilisateur

---

1. Lire à ce propos le best-seller d'Eric Ries : *Lean Startup*, Pearson, 2012.

du service ou produit de l'entreprise, etc.) ou encore les phénomènes d'usage.

D'ailleurs, une partie de la fonction marketing est directement transférée au sein de l'équipe produit. Le *product owner* pourra ainsi interagir avec une sous-communauté ou étudier les analytics pour améliorer l'offre en circuit court. Ce processus ne concerne pas seulement le produit en lui-même, mais aussi la cinématique des canaux d'acquisition, la segmentation du prix, etc. Car, on va le voir, l'analyse de la donnée se révèle un facteur de création de valeur presque irremplaçable.

Data-scientists au cœur

L'école marketing qui a prévalu depuis plus d'un siècle est donc en train de passer la main. Les directeurs marketing de demain disposeront de compétences qui n'ont que peu à voir avec celles d'aujourd'hui. Cette mutation a commencé par les savoir-faire liés à la donnée, où certaines pratiques – des plus basiques aux plus sophistiquées – révolutionnent déjà largement les modèles en vigueur. Par exemple, dans le domaine de l'achat média, les add-exchanges, en rationalisant l'exposition média et en l'automatisant à outrance, ont imposé une rupture en moins de cinq ans. La capacité des marques à traiter leurs interactions médias et sociales au travers d'outils spécialisés, à effectuer des arbitrages complexes et parfois en temps réel[1] entre

1. On pensera évidemment aux fameux DMP (Data Management Platform), censés acheter du média en temps réel ou faire évoluer des inventaires de la même façon. Ces outils,

réseaux sociaux, moteurs de recherche, site médias, etc. en fonction de composantes contextuelles très évoluées, va s'amplifier.

Cette évolution, on le conçoit, peut remettre en question le rôle des agences média, qui devront réussir à monter fortement en valeur si elles ne veulent pas être désintermédiées, car il se pourrait que le directeur marketing de l'entreprise digitale ne puisse se résoudre à accepter de sous-traiter la gouvernance de ces dispositifs. La précision que ce dirigeant peut induire dans la stratégie de son entreprise étant susceptible d'avoir un impact déterminant sur les affaires, il est nécessaire qu'il ait *a minima* une culture compatible avec les chiffres : même s'il ne possède pas le niveau d'expertise d'un *data-scientist*, il devra savoir rendre ses chiffres « intelligents ». Ce n'est pas totalement nouveau. Dès les années 1950, Robert McNamara sauva Ford de la faillite et en fit une société florissante avec un seul talent : bâtir des organisations performantes, comprendre son marché dans ses moindres détails en faisant « parler » les chiffres, décrypter les segments où se niche la valeur et, *a contrario*, analyser où se trouvent les coûts cachés. Sous son impulsion, la société réorganisera totalement ses processus de production et son offre de voitures. McNamara décèlera par exemple, dans ses analyses statistiques, qu'il y a de la place sur le marché américain pour un véhicule simple et sans options. Contre l'avis du management, il lancera

---

complexes à mettre en œuvre, nécessitent plus que d'autres une excellente compréhension des nombreux vecteurs que l'on peut trouver sur les réseaux, ainsi que celle des outils et formats à la disposition des marques.

donc la Falcon, une voiture qui sera vendue à 435 000 exemplaires dès la première année, tout en générant 25 % du chiffre d'affaires total de l'entreprise.

Tout le monde n'a pas la perspicacité ni l'agilité d'un McNamara ; et si les chiffres sont probablement plus accessibles aujourd'hui qu'ils ne l'étaient alors, leur volume ne les rend pas nécessairement plus simples à faire parler. Et que dire d'un environnement économique et de comportements des consommateurs qui n'ont rien à voir avec ceux d'alors ? Pour autant, le directeur marketing devra avoir quelque inclinaison pour la donnée et, cela va sans dire, une appétence pour les outils technologiques ainsi qu'un souci poussé de l'expérience utilisateur.

Personnalisation des interactions

L'autre grande nouveauté pour les acteurs du marketing, c'est la personnalisation à outrance des interactions avec leurs clients. Il s'agit là d'une des prouesses permises par les technologies de Big Data[1] : accumuler des données sur chacun des clients et proposer un service intégré et personnalisé. Être par exemple capable de proposer à chaque passager de la classe business d'une compagnie d'aviation les magazines électroniques qu'il aime, disposer d'un historique de ses vols au sein de la compagnie pour pouvoir personnaliser la conversation, lui proposer uniquement des films qu'il n'a pas encore vus, envoyer sur sa

---

1. Voir l'un de mes livres, *Big Data, penser l'homme et le monde autrement* (Le Passeur, 2015), qui traite largement de l'expertise en marketing digital.

page Facebook la liste des titres de musique qu'il a écoutés à bord (et lui suggérer une nouvelle playlist appropriée), lui faire savoir le temps qu'il mettra à rejoindre son hôtel en tenant compte des conditions de trafic à l'arrivée : tout cela est, au sein de la plupart des grandes compagnies aériennes, en devenir, mais fait l'objet d'investissements conséquents.

Dans la plupart des entreprises traditionnelles, le premier défi du directeur marketing digital consiste à lutter contre l'héritage technologique. Cela peut sembler surprenant, mais des données issues de systèmes d'information conçus à des époques différentes, structurées de façon hétérogène d'un silo à l'autre, n'ayant que peu de facteurs de comparaison, sont difficiles à rapprocher et à manipuler. On conçoit clairement que des données issues d'un AS400[1], comprenant des codes génériques qui représentent des catégories de produits, de métier, de typologies de consommateurs, ne soient pas faciles à rapprocher avec des likes et des profils Facebook. C'est pourtant l'une des prouesses du Big Data : créer des ponts entre des points de données qui vont ensuite permettre la synchronisation d'un ensemble de champs, de façon plus ou moins optimale, et ainsi réunifier le parcours client à travers une approche généralement qualifiée d'« omnicanale ».

De cette manière, on pourra redonner une cohérence d'ensemble à des données pourtant hétérogènes, mais qui n'ont pas toujours d'identifiant unique, et dont les structures ne sont pas nécessairement semblables.

---

1. *Mainframe,* ordinateur central le plus populaire dans les grandes organisations des années 1980, et toujours utilisé aujourd'hui.

Faire réapparaître un lien entre les différents points d'accès (Marketing Online, e-commerce, SAV) relève donc de la prouesse, sans même évoquer les contraintes qu'impose un cadre réglementaire.

Dans les entreprises traditionnelles, beaucoup de données sur les activités hors-ligne (offline) ou sur les services marketing en ligne (online) sont anonymes : on sait que 3 500 personnes sont passées devant une affiche publicitaire, ou que 17 283 personnes ont vu une publicité online, mais on ne sait pas qui elles sont. De nouvelles approches à base d'algorithmes permettent cependant de faire du « profiling anonymisé » : on sait que trois millions de téléspectateurs ont vu une publicité et le fait que Monsieur Y a « liké » une publicité online de la marque au même moment augmente la probabilité qu'il en ait également vu la publicité télévisée. On peut aussi observer que Monsieur Y est fan de sport et de nature dans la mesure où nombre de ses commentaires sur les réseaux sociaux évoquent ces domaines. Tout cela, on le comprend, permet d'avoir une meilleure appréciation de ce qui, individuellement, définit la relation que le consommateur entretient avec la marque.

Le champ du possible dépend de la créativité des acteurs marketing ; mais cela ne fonctionne qu'à condition d'avoir une approche de centralisation de la donnée au travers d'un mode plateforme, et donc de l'acquisition d'une expertise appropriée. Les opportunités marketing permises par la donnée se résumeront généralement ainsi :

1) *Le niveau de personnalisation possible est de plus en plus fin* et les traitements individuels, autrefois réservés

à quelques univers comme la finance ou le luxe, sont désormais accessibles aux services de masse.

2) *La réunification du parcours client est désormais à portée de main* ; c'est un enjeu technologique, mais également organisationnel : il importe de favoriser la transversalité au travers des métiers et d'éviter les silos organisationnels et de données.

3) *L'usage des données est vaste* : celles-ci peuvent permettre de faire de la détection de tendances, de la prévision à court ou long terme, et elles peuvent détecter des signaux faibles, autrement invisibles. Une marque de luxe a ainsi constaté qu'une montre qu'elle ne fabriquait plus était l'un des principaux sujets de conversation dans les réseaux sociaux. Elle a réussi à quantifier la valeur de ces conversations, pour finalement décider de produire à nouveau ce modèle. De même, Qantas a pu limiter l'attrition de ses clients possesseurs de cartes de fidélité grâce à une détection précoce des comportements augurant du départ vers d'autres compagnies.

Ces notions montrent qu'il s'agit de profiter de cette mutation technologique pour mettre le consommateur au centre de la stratégie de l'entreprise. Un principe évident en apparence, mais pas toujours respecté.

L'enjeu est de maîtriser de nouvelles formes d'interactions avec le consommateur, qu'il conviendrait d'ailleurs, à bien des égards, d'appeler plutôt « usager » : les commentaires concernant un modèle de montre évoqué ci-dessus ne sont pas nécessairement ceux des clients. C'est donc bien à partir de la valorisation des données issues de la multitude que la valeur peut être créée.

2.

Crowdculture

Les technologies numériques ont non seulement imaginé des réseaux sociaux dont la puissance peut ébranler des individus et des États, mais elles ont aussi complètement modifié le rapport des consommateurs aux marques. La foule d'individus connectés au monde numérique représente désormais une force qui peut à la fois profondément influencer l'identité d'une marque et développer des innovations d'un potentiel souvent insoupçonné.

La principale stratégie des marques, depuis l'émergence de ces réseaux sociaux, a consisté à créer du contenu de marque (*brand content*). Ce mécanisme de scénarisation a progressivement migré au cœur de l'expertise marketing, mais il y a lieu de se demander s'il est réellement durable. En réalité, les marques ont de plus en plus de difficulté à acheter leur renommée tant la puissance émettrice de la multitude est importante. Au lieu d'essayer d'accompagner cette force nouvelle, ces marques, et par conséquent les agences de création publicitaire, continuent à vouloir être à l'origine des messages qui la structurent.

Il ne s'agit pas ici d'évoquer la multitude sous une forme indéfinie, mais bien la force nouvelle de communautés très segmentées et très caractéristiques. Avant Internet, ces acteurs autrefois isolés géographiquement – les passionnés d'apiculture en mode traditionnel, les spécialistes du tuning de voitures des années 1970, les collectionneurs de capsules de bière, les libertariens, les fans de mangas, d'orchidées, de snowboard extrême, etc. – étaient très difficiles à fédérer. Certes, il existait une foule d'associations spécialisées sur ces thèmes, mais seule une sous-fraction de ces aficionados faisait l'effort d'en devenir membre. Les problèmes de communication, d'éloignement géographique, de gouvernance en limitaient la participation effective. Internet, en permettant à des acteurs segmentés sur des thèmes très précis de communiquer et d'agir ensemble, a considérablement accéléré le rythme, l'intensité et l'efficacité des échanges collaboratifs thématisés. Ces groupes jadis éparpillés étant désormais connectés les uns aux autres, leur influence culturelle est devenue plus importante.

Exemples de réussite

Rares sont les marques qui ont compris ce phénomène. Red Bull, en finançant des exploits sur le thème du sport extrême, est probablement l'exemple le plus visible d'un accompagnement réussi de ces communautés dans différents sports extrêmes. La posture de Red Bull n'est plus « d'acheter » de la communication, mais de s'attacher à être pertinent sur certains sujets : la façon précise dont sera employée sa marque, la sécurité des événements et des sportifs (un accident pouvant être désastreux pour l'image de cette marque), l'objectif détaillé de la contrepartie d'un budget de sponsoring, etc. En conséquence, le modèle traditionnel est largement remis en cause. Si le contenu reste très encadré par Red Bull, sa source n'en vient pas moins de la communauté de sportifs extrêmes qui se sont associés à la marque. Par ailleurs, plutôt que d'utiliser des canaux de médiatisation traditionnels (télévision, presse, radio...). Red Bull préfère développer des chaînes YouTube, dont la capillarité sera d'autant plus précise qu'elle sera portée par des communautés spécialisées.

Ce qu'il important de comprendre, c'est que les réseaux sociaux ont donc élargi et démocratisé le potentiel des sous-cultures. En quelques clics, il est désormais possible de rejoindre le centre névralgique de n'importe quel sous-segment, et d'interagir avec les participants sans difficulté, aussi bien sur le Web que dans des lieux physiques et au travers des médias traditionnels.

Des marques de taille moyenne ont ainsi réussi à se faire une place au soleil en adoptant un positionnement parfois antagoniste – en luttant pour la discrimination par le genre, par exemple. D'autres ont favorisé des pratiques *a priori* contre-intuitives : ainsi, Lego a développé une forte communauté (Lugnet) de joueurs adultes, dont les créations sont d'un niveau très élevé, et qui peut être mobilisée pour suggérer de nouvelles idées de jeux. Ces marques ont accepté que le niveau d'intervention des membres de leur communauté leur permette de littéralement « jouer avec la marque », avec les risques que cela comporte.

Des marques comme Airbnb ont poussé ce modèle au stade ultime. Elles se sont elles-mêmes instituées en tant que réseau social et, ne produisant pas de contenu, elle ne vendent aucun autre produit que leur plateforme. Si l'un de ses loueurs est mécontent de son locataire, ou réciproquement, il est libre de l'exprimer et ne sera pas censuré par la marque. Cette forme de garantie fait partie de l'identité de marque et le consommateur y accorde généralement un niveau de confiance important – sur certains points – par rapport à une marque traditionnelle avec laquelle il ne pourrait interagir. En contrepartie, ce consommateur est détenteur d'une partie de l'image et aussi de l'identité de la marque.

Le stade ultime de cette approche se caractérise lorsque les marques confient aux membres de leur communauté le soin de développer l'innovation-produit et servicielle elle-même. Des marques comme Doritos, Uniqlo, Procter & Gamble, et beaucoup d'autres, confient ainsi de plus en plus la définition de tous types d'enjeux à des communautés qu'elles ont elles-mêmes agrégées sur des réseaux sociaux. Elles peuvent également faire appel à des communautés spécialisées, comme Eyeka.com (que je mentionnais plus haut). Le processus est à peu près le même que celui qui est évoqué à maintes reprises dans cet ouvrage : ce qui compte est la qualité de l'interaction. Il est crucial que la marque accepte de collaborer sincèrement avec la multitude et soit transparente sur les pratiques mises en œuvre. Par exemple, un brief de cocréation doit définir en amont si la propriété intellectuelle issue de la réponse d'un internaute restera la propriété de celui-ci ou sera transférée à la marque. Si ce dernier cas est retenu, un dédommagement proportionnel à l'enjeu doit être prévu.

Toutes ces pratiques, en rupture avec l'expérience marketing traditionnelle, ne font que démontrer l'importance de l'interaction et, d'une certaine façon, ce qui est affirmé plus haut : les entreprises qui deviendront des acteurs centraux au XXIe siècle seront des plateformes technologiques, sociales et interactionnelles.

CINQUIÈME PARTIE

La transformation digitale en action

1.

Une situation contrastée en fonction du type d'acteur

COMPRENDRE les enjeux de la transformation digitale ne suffit évidemment pas à créer une stratégie permettant d'impacter son organisation et d'en initier le changement vers l'entreprise de demain. Ayant rencontré nombre de responsables de grandes entreprises, d'administrations publiques, d'entités parapubliques et d'associations, je n'ai pu que constater la diversité des défis qu'ils connaissent. Les griefs sont le plus souvent internes. Certains sont en butte à un scepticisme assumé de leurs cadres dirigeants : « l'ubérisation », pour reprendre le terme consacré, ne pourrait les concerner car leur secteur d'activité se trouverait – miraculeusement – en dehors des enjeux de la révolution digitale. Pour d'autres, les blocages se caractérisent au travers des marchés financiers. Le directeur général de l'une des premières capitalisations du CAC 40 me confia que s'il n'avait pas de fonds de pension comme actionnaires, il n'hésiterait pas à investir deux à trois milliards d'euros dans le digital pour permettre à sa société de reprendre le leadership dans son domaine, où start-up chinoises et américaines sont très présentes.

Sans rentrer dans un propos excessivement idéologique, il est manifeste que le « court-termisme » des investisseurs, et, par conséquent, la dictature des marchés, empêche tout simplement de nombreuses sociétés d'agir au mieux de leurs intérêts.

À l'échelle des ETI, le problème est d'une autre nature : le plus souvent, elles ne perçoivent que partiellement les opportunités et menaces issues du digital. Les transformations qu'elles induisent ne concernent le plus souvent que des sujets subalternes : ni le modèle d'innovation, ni le modèle d'affaires, ni encore le passage en mode plateforme ne sont généralement envisagés.

Quant aux PME, elles doivent faire face aux contingences quotidiennes, ce qui les rend excusables : dans la mesure où l'économie française est désormais chroniquement atone, avec une croissance qui n'a pas dépassé 2 % depuis plus de cinq ans, elles consacrent la plupart de leurs moyens à chercher à survivre, sans pouvoir créer une stratégie de moyen terme.

En ce qui concerne les entreprises publiques, l'absence de leadership clair limite considérablement les possibilités de transformation : si un « champion » de la cause digitale se déclare, il faudra lui souhaiter d'avoir une patience et une capacité de conviction à toute épreuve pour espérer induire ne serait-ce que de petits changements.

Bien entendu, il existe quelques exceptions – parfois remarquables – qui soulignent que la transition digitale reste clairement possible. Ainsi, un Axa ou un Schneider se sont attaqués au sujet avec un volontarisme rassurant. L'administration centrale en charge des systèmes d'information développe une vision particulièrement vertueuse, dans un contexte réglementaire compliqué et en faisant face aux conservatismes les plus inimaginables – avec un soutien politique limité à celui des ministères directement en tutelle de cette administration, de l'aveu même de certains de ses responsables.

Il ne faut cependant pas se leurrer : même pour les meilleurs, la transformation digitale ne fait que commencer. Comme évoqué plus haut[1], il y a toutes les raisons d'affirmer qu'elle n'est pas encore entrée dans sa phase la plus active. Ainsi, Jeff Immelt, le directeur général de General Electric, l'une des sociétés dont la transformation est la plus avancée, me confiait encore récemment, pour résumer l'ampleur de la tâche à accomplir : « Sur l'échelle de la transformation digitale, nous n'en sommes au mieux qu'à 10 % ; le travail à faire est considérable, même si nous avons certainement déjà bien avancé[2]. »

1. Voir la référence à Paul David, p. 157-158.

2. Lorsque je fais une conférence sur la révolution digitale, une question vient presque immanquablement : où en est la France dans cette révolution ? Je montre alors le classement qui nous est dévolu dans le DESI, le « Digital Scoreboard » développé par la Commission européenne. La France y pointe à la seizième place : un piètre classement quand on le compare à la qualité du capital humain de la nation. Pourtant, je m'empresse d'ajouter que cette place n'a qu'une importance secondaire, tant les phases les plus importantes de cette révolution restent devant nous : modernisation de l'outil de production, changement des programmes éducatifs et des méthodes pédagogiques, etc.

Les facteurs cardinaux de la transformation digitale

Quelles sont les caractéristiques communes aux sociétés qui paraissent initier les transformations dans les meilleures conditions ? L'analyse des données issues de trois années du classement de la transformation digitale que j'effectue avec *Les Échos*, ainsi que les conversations que j'ai eues avec de nombreux dirigeants, mettent en valeur quatre facteurs prédominants :

1) *Le premier est, sans surprise, le volontarisme de ces sociétés.* Dans la mesure où les changements à induire concernent le cœur de la culture d'entreprise, où ils vont remettre fondamentalement en cause le modèle de management, l'engagement du directeur général, du comité central de direction, voire du conseil d'administration et des actionnaires, sera déterminant. À cet égard, les ETI familiales ont souvent un avantage franc sur les grandes entreprises, dans la mesure où elles sont moins sujettes aux luttes de pouvoir internes. De plus, elles s'affranchissent généralement des contraintes financières inhérentes aux sociétés cotées. Elles subiront moins que leurs consœurs la tyrannie des rendements immédiats, qui limitent les capacités d'investissement sur le long terme, et plus encore qui les fuient lorsque le rendement n'est pas initialement connu. Car il faut éviter de se leurrer à cet égard : la transformation digitale n'a pas, le plus souvent, de ROI (ou retour sur investissement) calculable initialement. Dans la mesure où l'impact du digital induit fréquemment des changements importants de modèle d'affaires (voir le cas de CFM International ou

des constructeurs automobiles), il est vain de chercher à construire un budget prévisionnel. Autant essayer de calculer le rendement d'une voie de chemin de fer lorsqu'on est une compagnie de diligences n'ayant qu'une très vague idée de ce que sont les techniques à maîtriser pour mettre en œuvre ce nouveau moyen de locomotion !

Mais plus encore que d'un volontarisme managérial, la transformation digitale devra faire l'objet d'une stratégie très largement acquise au sein de l'entreprise. Les talents de pédagogie des équipes de direction seront des facteurs déterminants. Ils induiront également les caractéristiques de la transformation digitale : l'axe s'articulera plus particulièrement autour des enjeux technologiques, managériaux, de distribution, etc.

Plusieurs directeurs généraux m'ont concédé qu'ils se sentaient menacés par cette révolution digitale : non seulement ils n'en maîtrisent souvent pas suffisamment bien les enjeux, mais lorsque certains ont cherché à mettre en œuvre une stratégie de transformation, ils ont rencontré une contestation plus ou moins forte de la part des « baronnies » au sein de leurs managements.

Car l'une des conséquences de cette révolution, c'est la transparence : il devient difficile, dans une organisation plus transversale, de cacher son incompétence ou son manque de productivité derrière ses diplômes ou son grade hiérarchique. Sans doute conscientes de ce genre de risque, nombre de sociétés engagent des stratégies de transformation qui n'en sont pas, en se concentrant sur tous types d'enjeux, sans réellement modifier ni la culture de l'entreprise ni son organisation. Faut-il pour autant s'en remettre à l'avis du consultant et coach Alain Cardon[1], qui pense que la transformation digitale n'est possible qu'en « décapitant » le management ? C'est une tentation que pourraient avoir certaines entreprises ; encore faudrait-il qu'elles puissent recruter des experts digitaux qui maîtrisent également le métier dont elles sont issues – ce qui, concédons-le, est impossible à l'échelle d'un comité de direction. Je ne peux pas dire, pour autant, qu'il existe une solution miracle. L'idéal serait d'hybrider le management pour lui permettre de maîtriser le meilleur des deux mondes. C'est évidemment également impossible. Toutefois, l'initiative de Sébastien Bazin, le directeur général d'Accor, est à ce titre intéressante : il a créé un *shadow comex* composé exclusivement de jeunes de moins de 35 ans et s'est engagé à les consulter pour toutes les décisions importantes !

2) *Le deuxième facteur de transformation concerne la formation*, comme je l'ai déjà rappelé dans ce livre. Dans la mesure où nous faisons face à une révolution technologique, et véritablement anthropologique, les réflexes et compétences acquises peuvent induire plus de freins que d'atouts. L'effort de formation nécessaire est certainement supérieur à ce qui est pressenti par la plupart des acteurs économiques et sociaux. Et il ne s'agit pas de former uniquement le management : cette formation doit concerner l'ensemble des collaborateurs, tout en étant spécifiée en fonction des expertises. Mais même ainsi, il est probable qu'une

---

1. Voir Alain Cardon, *Paradoxes in Systemic Coaching and Change*, The Systemic Coaching Edition, 2015.

partie significative des effectifs aura des difficultés à s'adapter ; il est d'ailleurs difficile de savoir préalablement laquelle.

Ne nions pas que l'âge des salariés est également un facteur de compréhension du numérique. L'expérience tend à démontrer que l'expertise digitale n'a que peu à voir avec l'importance des études effectuées. Ainsi, c'est souvent dans le domaine informatique que s'expriment le plus fortement les réticences au changement, et plus particulièrement au sein de la direction de certains services informatiques. Il est manifeste que si les formations sont bien conçues, si elles cernent les enjeux spécifiques de chaque fonction, les objections des différentes équipes se réduisent d'autant[1].

Il est difficile de prédire le niveau d'assimilation des enjeux de la transformation digitale que les salariés d'une entreprise peuvent atteindre. Au moment où j'écris ces lignes, les plans les plus aboutis que je connaisse concernent Haier en Chine et La Poste en France. Dans la mesure où ils sont en cours, il n'existe pas encore de données pertinentes. Le niveau d'adaptation des équipes reste donc une interrogation. Est-ce que 40 % des personnels devront être remerciés d'ici 2022, comme le craignait pour son entreprise le CEO d'une grande société de services du CAC 40 ? Ou finalement, l'enthousiasme que suscite la révolution digitale permettra-t-il de former efficacement la quasi-totalité des effectifs ?

1. J'ai réalisé, avec la société Learn Assembly, un Mooc ayant trait à la transformation digitale, destiné à assister les entreprises dans leurs efforts en ce domaine : www.transfodigitale.com.

3) *Le troisième facteur de transformation concerne la gestion du temps.* D'après mes observations, les entreprises qui semblent les mieux armées pour réussir leur transformation digitale ont mis en place des processus sur des échelles de temps très différentes. Le temps long est celui du projet industriel : par exemple, du passage de l'ERP – avec son modèle de distribution d'informations qui renforce les effets de silos et les baronnies – à la plateforme, où la donnée est centralisée et distribuée par des API. Il peut également s'agir de définir des objectifs à long terme dans le pourcentage du chiffre d'affaires réalisé avec de nouvelles offres digitales. Les projets de transformation numérique peuvent – comme nous l'avons vu – prendre des décennies, tant la gestion de l'héritage informatique est parfois lourde. Disposer d'un véritable projet industriel de long terme est alors nécessaire. Il s'agit d'un plan de route sous-divisé en objectifs, qui astreint l'entreprise à une migration progressive vers le nouveau modèle. Ce type d'approche ne peut aboutir que si l'entreprise partage largement l'engagement à l'égard de ces objectifs, et affirme la nécessité d'un investissement réalisé sur le long terme dans le cadre d'un projet d'envergure stratégique. Toutefois, ce type de projet risque de décourager certaines équipes, qui pourraient penser que ces investissements sont réalisés pour leur postérité. En effet, un cadre ayant une durée de vie de plus en plus courte dans une entreprise – réduite à quelques années dans certains secteurs ou fonctions –, il est probable qu'il ne verra jamais le fruit de ce type de projet, et ressentira alors un sentiment de frustration. C'est pourquoi il est nécessaire de prévoir une autre fréquence temporelle : un temps court, pour les petits projets permettant de

mettre concrètement le doigt sur la transformation digitale. Il peut s'agir de projets simples, comme ceux qui consistent à mettre en place des analytics ou des méthodes agiles au sein de certains départements. Il peut également s'agir de formation, de visite d'entreprises digitalisées ou de start-up, etc. Ainsi, tout ce qui permet de toucher du doigt l'expérience numérique est bienvenu et nécessaire.

4) *Le quatrième facteur, le « touchpoint », représente une forme d'aboutissement.* Il se définit par le nombre de points de contact de l'entreprise avec ses clients. Si l'on faisait un baromètre de ce *touchpoint*, on trouverait probablement les pompes funèbres tout en bas (un métier peu digital et pour lequel les risques de désintermédiation sont probablement limités), avec un niveau de contact très faible par année et par client, suivies des concessionnaires automobiles, dont le *touchpoint* avec les clients serait en moyenne d'une fois tous les 14 mois ! En haut du baromètre, on trouverait des entreprises comme Google, Apple ou Facebook. Pour cette dernière, le *touchpoint* est de l'ordre de 7 fois par jour.

Un *touchpoint* élevé sera l'aboutissement d'une stratégie de plateforme, d'interaction avec les multitudes de l'entreprise et de création de valeur avec la donnée. Car c'est en comptabilisant les quantités de données transactionnées vers l'extérieur et vers l'intérieur de l'entreprise que l'on peut évaluer le niveau de digitalisation de cette structure. C'est un exercice qui ne ment pas. Il ne s'agit pas uniquement d'ouvrir sans distinction la donnée de l'entreprise, mais également d'en récolter et d'en échanger. Songeons à Facebook !

Le fait d'avoir réussi à ouvrir l'accès à la donnée via des API pour faciliter l'interaction, avec des apps ou autres, avec les parties prenantes de l'entreprise prouvera que celle-ci est entrée dans la nouvelle ère digitale. Pour une entreprise souhaitant s'autoévaluer, il suffirait donc de compter le nombre d'API dont elle dispose, ainsi que le nombre de types d'interlocuteurs (fournisseur, client, utilisateur externe, utilisateur interne, etc.) et de définir le niveau de valeur accordé à la donnée échangée (faible, moyenne, forte, stratégique), qu'elle soit distribuée ou collectée.

Une entreprise qui aurait un haut niveau de *touch-point* digital, quel que soit son domaine d'activité, pourrait probablement être considérée comme une structure transformée et *futurproof*, c'est-à-dire apte à saisir les opportunités du XXIe siècle. Cependant, ce cas de figure est généralement l'aboutissement de la mise en œuvre des trois points qui précèdent, et le considérer isolément serait une grave erreur.

2.

Étapes préalables

QUE convient-il de faire pour mettre en œuvre un plan de transformation digitale ? C'est là une éternelle question. Certains dirigeants sont convaincus qu'il faut commencer par créer une équipe digitale, disposant de moyens renforcés et pouvant agir de façon transversale, parfois sous l'impulsion d'un *chief digital officer* ; d'autres voudront former leur propre management. D'autres, enfin, s'attacheront à contrer leurs concurrents digitaux en les copiant le plus parfaitement possible.

Il serait erroné de penser que l'on peut initier ce type de projet et faire l'un de ces trois choix sans une préparation minutieuse. Dans la mesure où la vaste majorité des programmes de transformation digitale n'a été entreprise que récemment, l'heure des comptes n'est pas encore venue. Mais d'ici quelques années, les constats risquent d'être amers, tant les axes de transformation sont souvent choisis en dépit du bon sens.

Auditer le niveau de digitalisation de l'entreprise

En réalité, la transformation digitale doit s'effectuer d'une façon méthodique, en plusieurs étapes, dont la première serait un audit complet des forces et des faiblesses de l'entreprise. Un tel audit pourrait avoir six axes :

1) *Les fronts*, c'est-à-dire tout ce qui représente une interface dans l'entreprise. Il peut s'agir des réseaux sociaux et du niveau de dextérité avec lequel ils sont gérés, leur fréquence de mise à jour, le nombre de *followers*. De même, les sites commerciaux, *corporate*, et tout autre site, seront évalués : sont-ils dynamiques (*responsive design*) ? La société a-t-elle développé des apps ? Peut-on accéder au service après-vente par les réseaux sociaux ? Il s'agira ainsi de comprendre si la société accorde l'importance nécessaire à la relation client et y consacre les moyens adéquats.

2) *La technologie.* On l'a vu, c'est un piège d'investir significativement dans le domaine technologique en sous-estimant les enjeux humains et managériaux. Pour autant, la technologie n'en représente pas moins un enjeu de premier plan. La façon dont l'entreprise organisera sa migration vers le cloud, les outils qu'elle utilisera pour réaliser des tableaux de bord, les applications qui permettront de faire des traitements algorithmiques : tous ces facteurs, qui font partie de la technologie, sont déterminants dans la transition digitale.

3) *Le modèle de management.* Pour cette évaluation, on considérera le nombre de niveaux hiérarchiques

de la société, le niveau d'autonomie des équipes, leurs méthodes de travail. On regardera également la façon dont la société met en œuvre ses processus d'innovation. On s'attachera enfin à évaluer les forces et les faiblesses de l'étage de direction : le directeur général a-t-il une bonne compréhension des enjeux de la révolution digitale ? Ses lieutenants directs maîtrisent-ils leurs spectres de responsabilité dans un contexte digital ? Et au-delà, ont-ils la capacité d'affronter un monde dont les cycles d'innovations sont chroniquement plus resserrés ?

4) *Les ressources humaines.* Ici, on s'attachera à regarder comment les ressources humaines sont structurées : y a-t-il de la pluralité dans les parcours des profils recrutés ? Le processus de recrutement valorise-t-il l'expertise digitale ? Les salariés sont-ils adaptés aux besoins en compétences digitales ? Existe-t-il un processus d'évaluation et de formation performant ?

5) *La sécurité.* Il s'agit bien entendu d'un front de plus en plus sensible dans les entreprises. Pour autant, les stratégies divergent fortement d'une entreprise à l'autre et, dans la mesure où les sociétés acceptent rarement de reconnaître qu'elles ont été victimes d'un hacking d'importance, les opportunités d'amélioration des pratiques en matière de sécurité sont parfois limitées. On s'attachera à évaluer les systèmes de protection technologique, l'organisation de l'équipe en charge de la sécurité, mais également les formations qui sont dispensées au personnel en matière de sécurité, le cas échéant.

6) *Les écosystèmes.* Il s'agit là de tout ce qui concourt à créer des liens momentanés ou durables vers l'extérieur : partenariats avec des incubateurs de start-up, modèle d'ouverture vers le monde des développeurs, cocréation avec des communautés variées ou encore API qui permettent l'une ou l'autre de ces collaborations. On s'attachera à compter en particulier le nombre d'API et à évaluer le trafic et la qualité des données qu'elles transactionnent. Ce sont là des éléments difficiles à mesurer pour des entreprises qui ne seraient pas à l'aise avec ces sujets ; ils sont néanmoins fondamentaux.

Dans ce travail d'analyse, il sera évidemment nécessaire de comparer la position de la société par rapport à ses concurrents directs et indirects, dont les start-up qui ont des activités proches, sur le cœur de métier de la société tout comme sur des segments de valeurs isolés. Cet exercice a bien sûr ses limites, dans la mesure où les concurrents ne rendront pas forcément publiques toutes les informations qui permettraient de faire une comparaison précise. Il est d'autant plus difficile que ce ne sont pas forcément les sociétés qui communiquent le plus sur leur volontarisme digital qui sont les plus en pointe.

Auditer le modèle d'innovation et le modèle d'affaires

Il importe également d'évaluer les risques de désintermédiation et des opportunités de réorganisation du modèle d'affaires via une approche digitale. L'analyse des start-up proches, ou ayant une activité connexe, peut ainsi aider à identifier de nouveaux modèles d'affaires. Il n'est pas nécessaire qu'elles soient en concurrence directe. Des questions simples doivent alors être constamment posées :

– Comment puis-je offrir un service plus intégré ?

– Quels points (exprimés ou pas) compliquent-ils la vie de mes clients ?

– En quoi le digital peut-il augmenter la qualité de mon service ?

– Quels avantages les analytics et les traitements de données pourraient-ils apporter à mon métier ?

– Puis-je automatiser certains points de la chaîne de valeur actuelle ? Cela modifiera-t-il le service fourni par l'entreprise ?

Par exemple, dans une clinique de quartier, le processus de soins est sous-divisé en de nombreuses tâches. On conçoit bien que les systèmes d'inscription et de création de dossiers devraient logiquement disparaître pour être remplacés par des traitements numériques, même si cette hypothèse tarde à se réaliser concrètement. Par la suite, on considère généralement que le système de soins est constitué de quatre phases : le diagnostic, la prescription, le traitement, l'observance.

Concernant le diagnostic, les différentes expériences dans le monde montrent qu'il sera à terme largement assisté par des machines qui en augmenteront fortement la qualité[1]. Ce qui devrait largement impacter la prescription, le traitement et l'observance, dans la mesure où les protocoles seront plus adaptés à chacun

---

1. Voir « IBM big data used for rapid diagnosis of rare leukemia case in Japan », *The Japan Times*, août 2016.

et où les objets connectés permettront un suivi précis des paramètres vitaux du patient ainsi que de l'observance (c'est-à-dire le fait qu'il prenne convenablement son traitement). La relation entre le patient et le médecin sera ainsi considérablement modifiée. Au-delà des crispations qui saisissent presque inévitablement le corps médical lorsque l'on évoque les diagnostics effectués par les machines (qui sont, il faut désormais l'accepter, pour nombre de pathologies, bien meilleurs), la question se pose : comment recréer une chaîne de valeur performante ? Comment la plateforme impactera-t-elle le monde médical ? Quelle sera la place du médecin demain ? Quel processus « sans couture » peut-on proposer au patient ?

L'exemple de la santé est pertinent dans la mesure où les évolutions y sont généralement freinées par l'absence de compétences digitales du monde médical, d'une part, et par une réglementation très stricte de l'autre. Deux arguments qui n'arrêtent que modérément les GAFA et autres start-up. Celles-ci rentrent généralement par un petit spectre de la chaîne de valeur, sur lequel la régulation n'a que peu de prise, puis elles s'étendent à l'ensemble des processus, forçant la régulation à évoluer tant la qualité des services qu'elles offrent est performante.

L'erreur consiste, comme nous l'avons évoqué plus haut, à rechercher des améliorations de processus incrémentales : faire un diagnostic assisté par des machines et *a posteriori* du diagnostic humain, par exemple. Et si le diagnostic était fait par le patient chez lui ? Si le médecin avait un rôle de coordinateur des processus médicaux ? Si la question semble en elle-même outrageante, c'est souvent que l'on est sur la bonne voie. En réalité, ce que nous montrent les pratiques de santé de certains pays (Singapour, Grand Shanghai, etc.), c'est que le modèle de soins du futur pourrait être fort différent. Il faut cependant reconnaître que nombre de sociétés ne sont pas capables de mener ce travail d'introspection par elles-mêmes – la force de l'habitude, l'organisation des compétences humaines et la régulation étant souvent les principaux facteurs de maintien du *statu quo*.

C'est pourquoi cette phase d'analyse du modèle d'affaires peut nécessiter l'aide d'un cabinet externe, qui saura mailler les compétences internes avec des compétences extérieures, introduisant ainsi de la pluridisciplinarité dans les groupes de travail. C'est d'ailleurs la raison pour laquelle les hackathons[1] sont tant appréciés par les entreprises et autres organisations : ils fournissent l'occasion de se remettre en cause en confrontant une expertise enkystée par la force de l'habitude à des équipes pluridisciplinaires et fraîches à l'égard du sujet considéré.

Cette phase d'introspection doit *a minima* faire intervenir des compétences maillées, issues de différentes

---

1. Les hackathons sont des concours de codeurs et de start-up, généralement organisés sur 48 heures durant le week-end, pour permettre aux codeurs qui sont en poste de participer. Une entreprise pourra par exemple lancer un défi à la communauté des codeurs sur un thème qui l'intéresse, puis remettre un ou plusieurs prix aux meilleures équipes. Si les hackathons ont fait fureur un peu partout dans le monde, ils sont aujourd'hui critiqués parce qu'ils se déroulent sur des périodes trop courtes, avec un niveau de collaboration limité avec l'entreprise qui crée le challenge. Enfin, certaines entreprises ayant offert des dotations très faibles, cela a achevé de créer une réputation pour le moins ambivalente à l'égard de ces hackathons.

fonctions de l'entreprise. C'est d'ailleurs pourquoi il est difficile de définir *a priori* qui seront les experts de la révolution digitale au sein d'une entreprise. On m'a rapporté des expériences de hackathons internes où des solutions particulièrement performantes sont apparues au sein d'équipes composées d'individus qui n'avaient pas des postes élevés dans la hiérarchie, ou dont on n'avait pas identifié les compétences en code ou en innovation au sens large.

3.

Passer à l'action

Que faire une fois que l'on a mieux cerné les risques et opportunités issus du numérique, et de surcroît que l'on a une carte précise du niveau de transformation digitale de son organisation ? En réalité, s'il n'y a pas une réponse unique à cette question, dans la mesure où les organisations sont profondément différentes, il n'y en a pas moins des constantes que l'on peut clairement identifier.

Les cinq phases

1) *Arrêter un plan à long terme.* C'est sans doute l'étape la plus critique qui devrait, tout comme la phase d'audit du modèle d'affaires, impliquer à la fois le conseil d'administration, le comex, la direction générale et, dans une certaine mesure, les actionnaires. Comme nous l'avons vu à plusieurs reprises, il n'y a pas de ROI (retour sur investissement) connu *a priori* dans la transformation digitale. S'il est possible d'envisager de transformer les organisations, on ne peut, en revanche, prévoir quels pourraient être leurs modèles

d'affaires. Si l'on sait que la transformation digitale n'est pas une option, on ne sait pas à l'avance ceux qui vont en bénéficier et ceux qui vont la subir. Il est évidemment indispensable de s'y préparer, mais rien ne sert de chercher à vendre une quelconque rentabilité à terme de cette transformation. Ce n'est pas comme une machine-outil, ou même un nouveau produit, dont ont peut calculer le bénéfice induit par expérience. On a affaire à des bouleversements si importants qu'il est vain de chercher à en définir financièrement les conséquences. Cette perspective est évidemment anxiogène pour les actionnaires et les administrateurs, et il est d'autant plus nécessaire de les impliquer, afin d'éviter que, demain, ils en viennent à émettre des récriminations à l'égard d'investissements ou d'actions stratégiques qu'ils estimeraient infondés. Il serait souhaitable qu'ensemble ils parviennent à arrêter des objectifs de long terme, même imparfaits : automatiser x % des services, disposer de x % d'activité en mode Saas, être capable de prédire x % des défauts ou des pannes, etc. L'évolution de ces indicateurs sera – à défaut de voir les marges augmenter immédiatement – de nature à éviter les désaccords ultérieurs.

2) *Créer un tableau de bord de la transformation digitale.* À ce stade, l'expérience montre qu'il est intéressant de chercher à définir quels pourraient être les indicateurs à suivre en matière de transformation digitale. Disposer d'un tableau de bord sur les cinq facteurs cités plus haut serait un atout important pour permettre aux collaborateurs de suivre l'évolution de leur société, de comprendre quels sont les points faibles à travailler et de mieux mesurer l'enjeu en adaptant l'échelle aux

pratiques du meilleur acteur dans chaque catégorie. On pourrait y indiquer le pourcentage de services qui sont passés dans le cloud, le pourcentage d'employés qui ont suivi une formation numérique (et le niveau atteint par thème), le niveau d'utilisation des API, etc. On conçoit aisément la force de mobilisation que peut avoir une telle démarche, surtout si le tableau de bord est affiché dans les endroits les plus judicieux de l'entreprise.

Au-delà, cet outil peut mettre en avant les différentes réalisations de la société dans le domaine du digital et valoriser les bonnes pratiques, telles que les approches de design total, en partant de l'utilisateur. Ces facteurs sont importants car ils peuvent assez rapidement impacter des cultures d'entreprises centrées autour de la performance brute, par exemple, où le client n'est pas toujours une valeur fondamentale.

3) *Organiser.* Disposer au préalable d'une organisation cible qui marquerait l'aboutissement du projet de transformation digitale n'est pas impératif, car les aléas des développements de l'entreprise durant les phases de repositionnement pourraient eux-mêmes induire certains schémas d'organisation. Pour autant, certaines règles semblent communes à toutes les sociétés et il serait judicieux de vouloir les implémenter dès que possible. Il en est ainsi de la diminution du nombre de niveaux hiérarchiques. Jean-Bernard Lévy, lorsqu'il était directeur général de Thales, fut ainsi confronté à des impératifs d'accroissement de l'efficacité de l'innovation, du fait de la globalisation de la concurrence et de l'émergence digitale dans tous les métiers de cette entreprise. L'un de ses objectifs fut de diminuer le

nombre de niveaux hiérarchiques pour le ramener à 9 – ce qui dépasse légèrement ce que l'on observe dans les entreprises digitales de taille semblable. Dans la mesure du possible, réorganiser l'ensemble des équipes par type d'offre de service ou produit – clairement identifiables par le client – est également souhaitable.

À l'encontre d'une idée ancrée dans l'esprit de nombre de consultants en innovation et en digital, il est nécessaire de réaffirmer que le marketing, les RH et la finance sont évidemment des fonctions support essentielles : il conviendra de les sensibiliser afin qu'elles s'inscrivent également dans un projet d'entreprise porté par le service rendu au client. C'est là une évidence, mais trop d'entreprises la perdent de vue en donnant parfois au marketing ou à la finance des pouvoirs disproportionnés, sans relation directe avec l'expérience utilisateur finale ; et là également, la transparence joue un rôle important. En réalité, au cœur de l'entreprise se situe le processus innovant qui travaille en proximité étroite avec la production – qu'il s'agisse de hardware ou de software (ou de service) – ainsi qu'avec l'ensemble des fonctions de l'entreprise.

Pour les entreprises qui n'ont qu'une faible culture de l'innovation, définir un « lab », isolé des pressions politiques, avec des objectifs d'innovation déliés des contraintes réglementaires et des convictions acquises de la société, est évidemment souhaitable. La circulation des collaborateurs vers ce lab devra être organisée avec attention pour éviter l'effet virus décrit plus haut.

Mais l'enjeu le plus sensible serait probablement la réorganisation éventuelle du comité de direction, car si le directeur général n'a pas acquis la conviction que la révolution digitale est un enjeu capital, il est peu probable que la société puisse affronter celle-ci. De même, si son état-major n'a pas les qualités requises, la transformation risque fortement d'être à tout le moins bancale ou incomplète. Comme évoqué plus haut, l'implication d'autres organes de gouvernance – conseil d'administration, tutelles pour les administrations publiques, etc. – est nécessaire.

4) *Former.* Un plan de formation peut être adapté et détaillé en fonction de la cartographie des compétences que l'on aurait identifiées au sein de la société. Pour autant, il conviendra d'éviter de créer un système de formation qui repose trop exclusivement sur les organismes de formation professionnelle, dans la mesure où ceux-ci sont – pour l'instant – peu à même de proposer des expertises adaptées. Un plan de formation comprenant une part virtuelle et des groupes de travail pluridisciplinaires serait souhaitable.

L'évaluation de ces plans reste toujours complexe : doit-on former verticalement, à l'égard de sujets spécialisés (virtualisation des processus comptables dans le monde du contrôle de gestion, par exemple), ou horizontalement (modèle de management) ?

5) *Détecter les champions, gérer les talents.* Chaque organisation recèle des compétences particulières à l'égard du numérique. S'appuyer sur celles-ci peut avoir de nombreuses vertus. Si ces compétences sont issues de la base, l'enjeu ne sera pas de la même nature que ceux que rencontre l'entreprise au quotidien, mais bien exceptionnel, au point de remettre en cause la chaîne hiérarchique.

Pour détecter les champions, plusieurs méthodes peuvent être employées. Celle du hackathon, cité plus haut, ouvert à l'ensemble des collaborateurs par exemple. On pourrait aussi sélectionner des champions en fonction des résultats obtenus par les meilleurs au sein des plans de formation.

Mais il est préférable d'agir sur la base du volontariat ; j'ai observé, au sein d'une entreprise, que les « champions » identifiés ne voulaient pas se mobiliser car ils craignaient de se retrouver dans une logique de prise de responsabilités qui ne serait pas nécessairement reconnue à sa juste valeur. Ainsi, dans une grande entreprise de transport, un salarié qui maîtrisait de nombreuses compétences (code, design graphique...), et qui avait d'excellentes idées pour améliorer les processus, ne souhaitait pas être mis en avant, considérant que son expertise n'avait pas à être valorisée par son employeur dans le cadre de son contrat de travail. C'est souvent la raison pour laquelle la transformation digitale implique un changement de culture et de modèle de management pour réussir. S'il y a peu de capital humain à l'égard des enjeux digitaux au sein d'une organisation, celle-ci a d'autant plus intérêt à remettre en cause son modèle de management pour être certaine de valoriser le peu dont elle dispose.

En fait, il n'est pas nécessaire que le rôle dévolu aux « champions » se traduise hiérarchiquement. Ceux-ci seront plus fréquemment sollicités (et libérés de leurs fonctions traditionnelles) dans les ateliers d'innovation digitale, et parfois pour des événements extérieurs ayant trait à l'innovation et au digital, etc.

Au-delà de ces considérations, la stratégie de recrutement doit largement s'améliorer. Lors de l'étape 1 de définition des objectifs stratégiques, on fixera les objectifs en termes de niveau de compétences digitales des collaborateurs ; et ceux-ci seront atteints soit par une augmentation, soit par des recrutements externes. En plus des compétences digitales que l'on exigera des nouveaux collaborateurs, il est recommandé de privilégier les profils qui ont une culture de la collaboration et savent travailler de façon agile. De nombreuses organisations seraient ainsi bien avisées de privilégier des profils plus polycompétents. J'ai été particulièrement surpris de constater que les ingénieurs de talent de nombreuses grosses entreprises californiennes disposaient fréquemment de doubles compétences dans des thèmes aussi hétéroclites que l'anthropologie, les sciences politiques, etc. Un orateur représentant l'industrie chinoise du capital-risque faisait également remarquer que les compétences plurielles étaient désormais largement privilégiées dans les entreprises de l'empire du Milieu.

Faut-il recruter un chief digital officer ?

La fonction de CDO est actuellement la plus glamour au sein des grandes organisations. En réalité, ce rôle est imprécis, et cette ambiguïté est souvent mise à profit pour faire peu de transformations – ou pour ne pas en faire. Le premier constat est que le rôle des CDO n'est pas unanimement perçu comme stratégique : une minorité de 27 entreprises du CAC ont un CDO rattaché au directeur général[1]. Ce chiffre résume l'impact limité d'une telle fonction, surtout lorsque l'on sait que l'une de ses principales missions consiste à remodeler substantiellement les organisations. L'origine du CDO est également importante. Le fait de maîtriser le métier est un atout incontestable et il n'est donc pas anormal que ce salarié puisse éventuellement être promu en interne. Promotion interne d'autant plus justifiée que son travail est transversal et nécessite le doigté d'un diplomate byzantin ! En revanche, le CDO devra avoir une solide culture de l'innovation, et plus particulièrement des modèles d'innovation issus du monde digital. Il est inimaginable de nommer un CDO qui n'a pas été, de façon très régulière et de longue date, en contact avec le monde numérique. Il faut à cet égard pourfendre l'idée qu'un DSI puisse généralement faire l'affaire : la culture qui préexiste dans le monde informatique, dont les méthodes de travail sont particulièrement incrémentales et éloignées du monde qui vient, est antinomique avec celle qui existe dans le digital. Le profil idéal du CDO serait donc celui-ci : avoir travaillé au sein du métier, avoir eu des responsabilités liées aux stratégies d'innovation et être très agile à l'égard du digital. Autant dire que ce profil est rare !

La lettre de mission du CDO est au moins aussi importante que sa compétence. Son rôle serait très proche du CCO (*chief change officer*) aux USA, qui est chargé de remodeler l'organisation pour la rendre plus agile ; soit, généralement, de faire passer l'entreprise d'un modèle vertical à un modèle plus transversal.

---

1. Analyse du e-CAC (voir Gilles Babinet, *Les Échos*, 6 octobre 2016).

Cette lettre de mission devra de surcroît définir clairement les relations que le CDO entretient avec le DSI de l'entreprise. Sera-t-il autorisé à accroître le « shadow IT », c'est-à-dire les projets numériques menés en dehors du contrôle de la direction des systèmes d'information ? Si c'est le cas, il importe de définir clairement le rôle de chacun. Si ce n'est pas le cas, soit le DSI devrait lui être rattaché à terme (c'est souvent le cas dans les entreprises anglo-saxonnes), soit le rôle du CDO n'a que peu de sens.

En réalité, pour que le CDO ait une chance de réussir, il est difficile d'imaginer qu'il ne soit pas rattaché au directeur général ; de surcroît, il doit avoir le plein soutien de celui-ci. De nombreux arbitrages se présenteront et il est à craindre que ceux-ci n'apparaissent pas toujours pour les meilleures raisons.

Il faut enfin souligner que plusieurs entreprises très avancées en matière de transformation digitale n'ont pas nécessairement de CDO. Ce n'est pas une faiblesse structurelle, car ce choix peut signifier que l'enjeu a été réparti sur l'ensemble du comité de direction de l'entreprise. Il faut alors souhaiter que les directeurs soient agiles sur le plan digital, de façon relativement homogène. Je confesse qu'au sein des sociétés dont j'ai eu l'opportunité de rencontrer tout ou partie du comité de direction, je n'ai jamais vu un niveau d'expertise digitale reconnu par tous comme étant totalement satisfaisant.

Conclusion

SOUS-ESTIMER le choc que représente la révolution digitale est une erreur que nombre d'organisations pourraient payer au prix fort : celui de leur disparition. Je cite souvent cette anecdote du directeur général adjoint d'une grande compagnie d'équipements industriels, dont le chiffre d'affaires dépassait plusieurs milliards, qui m'avait affirmé il y a quelques années que ses équipements industriels étaient tellement nécessaires à la marche du monde qu'il n'avait pas à se préoccuper de la révolution digitale. Quelques années plus tard, il m'avoua qu'il avait totalement ignoré les gains de productivité que procuraient les techniques prévisionnelles à base de Big Data, ce qui lui avait fait manquer de nombreuses opportunités – qu'avait saisies l'un de ses plus directs concurrents.

Mais ce n'est pas sur le plan de la maîtrise des attributs technologiques de cette rupture qu'il y a lieu de se préoccuper, en se demandant si elle s'effectuera sans frottement trop important. Le vrai enjeu est culturel, et il est illusoire d'imaginer que les mentalités vont évoluer d'elles-mêmes assez rapidement pour préserver les avantages compétitifs chèrement acquis.

Des plans de formations adéquats, des séminaires, voire des visites de sociétés californiennes les plus emblématiques du secteur, pour les cadres les plus directement concernés, sont quelques-unes des pratiques essentielles. Mais elles ne seront probablement pas suffisantes.

Le véritable enjeu sera de faire évoluer la culture en intégrant de façon intelligente la génération montante. Car ne nous y méprenons pas, les façons d'agir, de penser, de créer et tout simplement de vivre de la génération millénium n'ont que peu à voir avec celle qui est actuellement aux commandes. En conséquence, les plus brillants d'entre eux n'ont pas toujours envie de rejoindre une entreprise dont les règles leur semblent d'un autre siècle, pour ne pas dire ubuesques. Le fait que ce potentiel ne soit pas compris par les dirigeants d'entreprises actuelles démontre que ces derniers ne perçoivent qu'imparfaitement ce monde qui vient.

En ce qui me concerne, la fréquentation de cette génération millénium me stupéfie souvent, lorsque je constate le niveau d'aisance avec lequel ils maîtrisent des connaissances souvent très pointues, qu'ils ont été capables de rapprocher au sein de disciplines parfois très éloignées. Leurs codes ne sont pas les mêmes non plus : l'ouverture et l'échange sont chez eux une seconde nature et ils semblent n'accorder qu'une importance secondaire aux symboles traditionnels de réussite. Certains penseront que j'exagère, tant cette description peut sembler idyllique. Je les invite à passer un après-midi au sein d'un incubateur de jeunes start-up en tâchant de se faire le plus discret possible. S'ils ont une ou deux décennies d'expérience professionnelle comme moi-même, ils seront obligés de constater que quelque chose est en train de se produire, qu'il n'est pas exagéré de parler de « révolution anthropologique » et que, finalement, l'aplatissement du monde se produit sous leurs yeux – et sous nos yeux à tous.

Table

DEUXIÈME PARTIE
Culture, management et ressources humaines

TROISIÈME PARTIE
L'entreprise, une plateforme

QUATRIÈME PARTIE
Marque, *crowd* et marketing à l'ère digitale

CINQUIÈME PARTIE
La transformation digitale en action

CET OUVRAGE A ÉTÉ COMPOSÉ
EN PALATINO CORPS 11,5
PAR NORD COMPO
À VILLENEUVE-D'ASCQ.

ACHEVÉ D'IMPRIMER
PAR L'IMPRIMERIE CPI FIRMIN-DIDOT
À MESNIL-SUR-L'ESTRÉE, EN NOVEMBRE 2016,
POUR LE COMPTE DU PASSEUR ÉDITEUR.

Dépôt légal : décembre 2016.
N° d'imprimeur : 136037
Imprimé en France.